Ferdinand von Schirach
KAFFEE UND ZIGARETTEN

Ferdinand von Schirach

KAFFEE UND ZIGARETTEN

Luchterhand

The woods are lovely, dark, and deep,
But I have promises to keep,
And miles to go before I sleep,
And miles to go before I sleep.

Robert Frost

Eins

Im Sommer ist er jeden Tag unten am Teich. Er sitzt auf der chinesischen Brücke, die zu der kleinen Insel führt, unter ihm Seerosen und Sumpflilien, manchmal sieht er Karpfen, Brassen und Schleien. Libellen mit riesigen Facettenaugen stehen vor ihm in der Luft. Die Jagdhunde schnappen nach ihnen, aber sie verfehlen sie immer. Libellen können zaubern, sagt sein Vater, aber es sind so winzige Wunder, dass sie für die Augen der Menschen unsichtbar bleiben. Erst hinter den alten Kastanien und den Steinmauern des Parks beginnt die andere Welt. Es gibt keine glückliche Kindheit, die Dinge sind zu kompliziert, aber später wird er sich immer an die Langsamkeit damals erinnern.

Die Familie fährt nie in Ferien. Die Höhepunkte im Jahr sind die Weihnachtstage mit der langen Adventszeit, die Fuchsjagden im Sommer mit Pferden und Hunden und die großen Treibjagden im Herbst, bei denen die Treiber im Innenhof des Jagdhauses Eintopf essen und Bier und Kräuterschnaps trinken.

Manchmal kommen Verwandte zu Besuch. Eine Tante riecht nach Maiglöckchen, eine andere nach Schweiß und Lavendel. Sie streichen mit ihren alten Händen über seine Haare, er muss sich verbeugen und ihnen einen Handkuss geben. Er mag es nicht, wenn sie ihn anfassen, und er will nicht dabei sein, wenn sie sich unterhalten.

Kurz vor seinem zehnten Geburtstag kommt er in ein Jesuiteninternat. Der Ort liegt in einem dunklen, engen Schwarzwaldtal, sechs Monate Winter, die nächste größere Stadt ist weit entfernt. Der Fahrer bringt ihn weg von seinem Zuhause, weg von den Chinoiserien, den bemalten Seidentapeten und den Vorhängen mit den bunten Papageien. Sie fahren durch Dörfer und leere Landschaften, an Seen vorbei und dann hinunter und immer tiefer hinein in den Schwarzwald. Als sie ankommen, ist er eingeschüchtert von der riesigen Kuppel des Doms, den barocken Gebäuden und den schwarzen Soutanen der Patres. Sein Bett steht in einem Schlafsaal mit dreißig anderen Betten, im Waschraum hängen die Becken nebeneinander an der Wand, es gibt nur kaltes Wasser. In der ersten Nacht denkt er, bald wird das Licht wieder eingeschaltet und jemand wird sagen: »Du warst tapfer, jetzt ist es vorbei, du darfst wieder nach Hause.«

Er gewöhnt sich an das Internat, so wie sich Kinder an fast alles gewöhnen. Aber er glaubt, er gehöre nicht dazu, etwas fehle, was er nicht benennen kann. Das Grün und das Dunkelgrün seiner früheren Welt verschwinden allmählich, die Farben in seinem Kopf verändern sich. Er weiß noch nicht, dass sein Gehirn Wahrnehmungen »falsch« miteinander koppelt. Buchstaben, Gerüche und Menschen »sieht« er als Farben. Er glaubt, die anderen Kinder würden das Gleiche sehen, das Wort *Synästhesie* lernt er erst viel später. Einmal zeigt er dem Pater, der Deutsch unterrichtet, die Gedichte, die er über diese Farben schreibt. Der alte Mann ruft bei seiner Mutter an, der Junge sei »gefährdet«, sagt er. Es hat keine Konsequenzen. Als er die Gedichte zurückbekommt, sind nur die Rechtschreibfehler rot markiert.

Sein Vater stirbt, als er 15 Jahre alt ist. Er hatte ihn schon viele Jahre nicht mehr gesehen, die Eltern trennten sich früh. Sein Vater schickte Postkarten ins Internat, Straßenansichten aus Lugano, Paris und Lissabon. Einmal kam eine Karte aus Manila, vor dem weißen Malacañang-Palast stand ein Mann in hellem Leinenanzug. Er stellt sich vor, dass sein Vater aussah wie dieser Mann.

Der Direktor des Internats gibt ihm Geld für die Zugfahrkarte nach Hause. Er nimmt keinen Koffer mit, weil ihm nichts einfällt, was er einpacken könnte. Nur ein Buch hat er dabei, das Lesezeichen zwischen den Seiten ist die Postkarte aus Manila. Auf der Reise versucht er sich jede Bahnstation einzuprägen, jeden Baum vor dem Fenster, jeden Menschen in seinem Abteil. Er ist sich sicher, dass sich alles auflösen wird, wenn er sich nicht mehr daran erinnert.

Auf die Beerdigung geht er alleine, ein Fahrer der Familie setzt ihn vor der Aussegnungshalle in München ab. Er hört Reden über einen merkwürdigen Fremden, über seine Alkoholexzesse, seinen Charme und sein Scheitern. Er kennt die neue Frau in der ersten Reihe nicht. Sie trägt lange schwarze Handschuhe aus Spitze, unter dem Schleier sieht er nur ihren roten Lippenstift. Ein großes Foto steht neben dem Sarg, aber der Mann darauf sieht nicht aus wie sein Vater. Ein Onkel, den er nur zweimal gesehen hat, nimmt ihn in den Arm, küsst ihn auf die Stirn und sagt, er sei »gesegnet«. Es ist ihm unangenehm, aber er lächelt und gibt höfliche Antworten. Später, auf dem Friedhofsweg, spiegelt sich die Sonne auf dem polierten Holz des Sargs. Die Erde, die er in das Grab wirft, ist nass vom Regen der letzten Nacht, sie klebt an seiner Hand, und er hat kein Taschentuch, um sie abzuwischen.

Ein paar Wochen später beginnen die Herbstferien. Er sitzt in der Eingangshalle des Hauses am Kamin, vor ihm liegen die beiden Hunde, die Shakespeare und Whisky heißen. Plötzlich hört er alle Geräusche gleich laut, die weit entfernte Stimme seiner Großmutter und die ihrer Hausdame, die Reifen des Wagens, den der Fahrer vor dem Haus wendet, das Schreien eines Eichelhähers, das Ticken der Standuhr. Überdeutlich sieht er jetzt jedes Detail, den öligen Schimmer in seiner Teetasse, die Fasern des hellgrünen Sofas, den Staub in der Sonne. Er bekommt Angst, minutenlang kann er sich nicht bewegen.

Als er wieder ruhig atmet, geht er hoch in die Bibliothek. Er sucht einen Text, den er einmal gelesen hat. Am 20. November 1811 fuhr Heinrich von Kleist mit einer krebskranken Freundin an den kleinen Wannsee, beide wollten sterben. Sie übernachteten in einem einfachen Gasthaus und schrieben bis in den frühen Morgen Abschiedsbriefe. Ein Brief Kleists an seine Halbschwester endet mit der Datumszeile: »Stimmings bei Potsdam, am Morgen meines Todes«. Am Nachmittag des nächsten Tages bestellten sie Kaffee und ließen sich Stühle nach draußen bringen. Kleist schoss der Freundin in die Brust und sich selbst in den Mund, er wusste, dass die Schläfe zu unsicher ist. Er sei »zufrieden und heiter«, hatte er kurz zuvor geschrieben.

Er wartet, bis alle im Bett sind, dann geht er zur Bar, setzt sich in einen Sessel und trinkt systematisch in kleinen Schlucken anderthalb Flaschen Whiskey. Als er aufstehen will, stolpert er, reißt einen kleinen

Tisch um, die Kristallflaschen fallen zu Boden. Er sieht starr zu, wie sich der dunkle Fleck ausbreitet. Im Keller öffnet er den Waffenschrank, entnimmt eine der Schrotflinten und verlässt das Haus, die Tür lässt er offen stehen. Er geht bis zu der Ulme, die sein Vater zu seiner Geburt gepflanzt hat, setzt sich auf den Boden und lehnt sich mit dem Rücken an den glatten Stamm. Von hier sieht er im Morgenlicht das alte Haus mit der Freitreppe und den weißen Säulen, der Rasen im Rondell ist frisch gemäht, es riecht nach Gras und nach Regen. Sein Vater hatte gesagt, er habe damals ein afrikanisches Goldstück unter die Ulme gelegt, sie werde ihm Glück bringen. Er nimmt den schwarzen Lauf des Gewehrs in den Mund, er ist eigenartig kalt auf der Zunge. Dann drückt er ab.

Am nächsten Morgen finden ihn die Gärtner in seinem Erbrochenen, die Schrotflinte liegt in seinem Arm. Er war so betrunken, dass er keine Patrone eingelegt hatte. Er spricht mit niemandem über diese Nacht, in der er sich selbst gesehen hat.

Mit 18 Jahren fährt er das erste Mal mit seiner Freundin in Ferien. Er hat vier Wochen in einer Fabrik am Band gearbeitet, das Geld reicht für die Reise. Sie fliegen nach Kreta und fahren drei Stunden mit einem alten Bus über die Berge, immer engere Serpentinenstraßen, dann weiter bis zur südlichsten Spitze der Insel. In einer Pension mieten sie ein Zimmer, gekalkte Holzböden, weiße Bettlaken. Unter dem Fenster liegt das Libysche Meer. Es gibt nur ein paar Häuser in dem Dorf und einen winzigen Supermarkt mit Obst, Käse, Gemüse und Brot. Die Besitzerin backt jeden Tag im Wechsel Zuckerkekse und salzige Teigtaschen, davon leben sie. Sie verbringen die Tage am Strand, es ist still.

Irgendwann will sie wissen, warum er ist, wie er ist. Wie soll ein heller Mensch das Dunkle begreifen, denkt er. Er versucht es mit den Worten der Ärzte, sie hört zu und nickt. Depressionen seien keine Traurigkeit, sagt er, sie sind etwas ganz anderes. Er weiß, dass sie es nicht verstehen wird.

Im Zimmer hängt sie ihr Kleid über die Lehne des Stuhls. Sie steht im Bad, ihr schmaler Körper vor dem beschlagenen Spiegel. Er liegt auf dem Bett und sieht ihr zu. Die Luft ist feucht und warm. Die Welt um ihn vergeht ohne Widerstand, sie ist nicht mehr scharfkantig, die Farben verblassen, der Lärm verschwindet. Die Tür zum Badezimmer schließt sich, er ist allein. Von der Decke beginnt Öl auf seine Stirn zu tropfen, es rinnt in Schlieren die Kalkwände herunter, überzieht den Holzboden, das Bett, die Laken, alles wird glatt und verliert seine Struktur. Das Zimmer läuft voll, das Öl schwappt in sein Gesicht, in seine Ohren und in seinen Mund, es verklebt seine Augen. Er atmet es ein, wird taub, und dann ist er selbst das blauschwarze Öl.

Später liegen sie verschwitzt und erschöpft auf

dem Bett. Als sie eingeschlafen ist, sieht er sie an. Er küsst ihre Brüste, legt das Laken über ihren Körper und setzt sich auf den Balkon. Das Meer ist schwarz und fremd. Er erinnert sich nicht, ob er ihr das alles wirklich erzählt hat. Und dann begreift er, dass noch sechzig solcher Jahre vor ihm liegen.

Zwei

Vor 54 Jahren, am Tag meiner Geburt, verhängte die *Liga der Arabischen Staaten* einen Import-Boykott über einen englischen Hersteller von Regenmänteln, die Firma *Burberry*. Zur Begründung hieß es, die Firma mache Geschäfte mit Israel. Die Liga boykottierte damals mehrere Firmen, in denen Lord Mancroft im Vorstand saß. Er war jüdischen Glaubens.

In London blieb man gelassen. Ein Sprecher der Firma teilte mit, in arabischen Ländern regne es ohnehin selten und bisher seien »lächerlich wenige« Regenmäntel dorthin exportiert worden.

Drei

Die Sommerferien des Jahres 1981 verbrachte ich in England. Ich war 17 Jahre alt und sollte die Sprache besser lernen. Der Mann, bei dem ich in Yorkshire wohnte, war ein verarmter Landadliger, der über die Queen nur sagte, sie sei »very middle class«. Er fuhr einen dreißig Jahre alten Rolls Royce und wohnte in einem baufälligen Haus aus dem 14. Jahrhundert. Auf einem Flügel fehlte das Dach, der einzige beheizte Raum war die Küche, und sein wertvollster Besitz waren zwei schmale Holland-&-Holland-Flinten. Die Bettdecke in meinem Zimmer roch, als hätte schon Oliver Cromwell darin geschlafen, was auch nicht ganz unwahrscheinlich war. Aber ich mochte das steinerne Haus und den Garten, die fast schwarzen Bilder der Ahnen und das Moos auf den Fensterbänken. Die Badewanne war aus Kupfer und so riesig, dass es eine halbe Stunde dauerte, bis genügend Wasser darin war. Sie hatte einen dunklen Mahagonirahmen, und ich erinnere mich, wie angenehm es war, in ihr zu liegen und zu lesen.

Der Hausherr hatte eigenwillige pädagogische Vorstellungen. Sein Unterrichtsprogramm bestand darin, alte David-Niven-Filme abzuspielen, Kipling-Gedichte aufzusagen und mich ansonsten in Ruhe zu lassen. Da er seine Köchin längst entlassen hatte, gab es jeden Tag das gleiche Gericht: Lamm in Pfefferminzsoße und Chips aus einer Tüte, die er in einem Wasserbad zu Matsch verkochte.

An den Wochenenden fuhr ich mit dem Zug nach London, mein Lehrer kam nie mit, weil er die Stadt verachtete. Hier regierte Margaret Thatcher seit zwei Jahren mit eiserner Hand, »Fast Eddie« Davenport war noch nicht aufgetaucht, um die wilden, etwas klebrigen Parties in Kensington and Chelsea zu organisieren, und das enorme Wachstum der Stadt hatte gerade erst begonnen. In Brixton, dem traurigsten Bezirk Londons, hatte die Festnahme eines schwarzen Jugendlichen eine Straßenschlacht zwischen der Polizei und Demonstranten ausgelöst, und Mick Jagger sang »Emotional Rescue«. Alles war voller Glanz und voller Elend, alles war profan und heilig, und ich glaube, ich war damals glücklich.

An einem Abend ging ich mit einer Freundin ins Kino. Wir wollten »Jäger des verlorenen Schatzes« sehen, es war der schnellste Film damals, eine neu erzählte Abenteuergeschichte, Harrison Ford als Professor Henry Jones war großartig. Damals durfte man in den Kinos noch rauchen, HD war noch nicht erfunden, und nach der Hälfte des Filmes sah man durch den Rauch kaum noch etwas. Es war die letzte Vorstellung an diesem Tag. Nach dem Abspann blieben wir einfach sitzen. Ein anderes Paar saß vorne in der ersten Reihe unmittelbar vor der Leinwand, Plätze, auf denen man nur noch Farben wahrnehmen konnte. Plötzlich stand der Mann auf, er wankte, zog ein Bündel Geldscheine aus der Tasche, fuchtelte damit in der Luft herum und brüllte durch den leeren Saal: »Again! Again!« Es war Mick Jagger. Der Filmvorführer ging zu ihm, nahm das Geld, schüttelte den Kopf und legte den Film noch einmal ein. Wir durften bleiben, es war herrlich.

Ein paar Jahre später sah ich zum ersten Mal den Film »Der Swimmingpool« von Jacques Deray. Er wurde schon 1968 gedreht. Romy Schneider und Alain Delon verbringen die Ferien in der Nähe von Saint-Tropez in einem abgeschiedenen Landhaus. Die ersten Minuten passiert nichts. Langsamkeit, Trägheit, die weite, trockene Landschaft vor dem Haus, die Sonne des Mittelmeers. Sie küssen sich am Pool, das blaugrüne Wasser, der Halbschatten auf den warmen Steinplatten. Dann ein Anruf. Er sagt, sie solle es klingeln lassen, und wirft sie nackt in das Wasser. Er sei ein Idiot, schreit sie lachend, geht ans Telefon, und kurz danach kommt in einem rotbraunen Maserati Ghibli ein anderes Paar zu Besuch. Die Dinge werden kompliziert und enden schließlich mit einem Mord.

Fast immer scheitern Remakes, die Dinge, die wir lieben, lassen sich nicht wiederholen. Aber es gibt Ausnahmen. 2016 kam »A Bigger Splash« von Luca Guadagnino in die Kinos, Tilda Swinton hat die Rolle von Romy Schneider. Swinton, die einmal in dem Film als die »Frau des Jahrhunderts« bezeichnet wird, ist ein Rockstar, sie erholt sich von einer Stimmbandoperation mit ihrem Freund auf einer Insel bei Sizilien. Ihr Freund ist ein wenig ermüdend. Dann taucht Ralph Fiennes auf, Swintons ehemaliger Liebhaber, er will sie zurück. Und er ist voller Leben, charmant, mitreißend und unglaublich komisch. Mitten im Film tanzt er. Der Song: Mick Jaggers »Emotional Rescue«. Alleine für diese Szene hätte Fiennes einen Oscar verdient. Ich vermute, nicht alles davon stand im Drehbuch, Fiennes sieht direkt in die Kamera, sein Hemd steht offen, er trägt Shorts – und er macht glücklich. »Emotional Rescue« – manchmal rettet uns die Musik.

Romy Schneider und Alain Delon, Tilda Swinton und Ralph Fiennes, Mick Jagger singt, Harrison Ford trägt seinen Hut, es ist immer ein langer, heißer Sommer am Pool.

Vier

Im Kino läuft ein Dokumentarfilm über das Leben dreier Anwälte: Otto Schily, Hans-Christian Ströbele und Horst Mahler. Drei ganz unterschiedliche Biographien: Schily wurde Bundesinnenminister, Ströbele Abgeordneter der Grünen, und Mahler endete als Rechtsradikaler im Gefängnis. Aber in den 1970er Jahren waren alle drei Anwälte, sie haben Terroristen des »deutschen Herbstes«, die Mitglieder der RAF, in den Strafverfahren verteidigt.

Alles beginnt 1967. Während einer Demonstration vor der Deutschen Oper in Berlin schießt ein Polizist aus nächster Nähe von hinten auf einen jungen Mann. Das Projektil zertrümmert die Schädeldecke des Studenten, er fällt zu Boden, Blut rinnt auf den Bürgersteig. Eine junge Frau kniet neben ihm, sie legt ihre Handtasche unter seinen Kopf und schreit um Hilfe. Zwei Männer tragen den Angeschossenen auf einer Bahre zu einem Rettungswagen. Was nun kommt, ist völlig unverständlich: Der Wagen fährt nicht ins nahegelegene Albrecht-Achilles-Krankenhaus oder in die Neurochirurgie des Virchow-Klinikums, sondern zur viel weiter entfernten Rettungsstelle Moabit. Für den Weg braucht er ungewöhnlich lange. Als ein Assistent den Studenten endlich in den Operationssaal schiebt, kann der Anästhesist nur noch den Tod feststellen.

Die alten Fernsehaufnahmen haben bis heute nichts von ihrem Schrecken verloren, der Zuschauer sieht sie noch immer fassungslos. Ströbele sagt im Film, es sei der Tag seiner »Politisierung« gewesen. Damit war er nicht alleine, dieser Tag prägte fast eine ganze Generation. Nach dem Tod des Studenten weiteten sich die Demonstrationen aus, der Polizeipräsident musste zurücktreten, dann der Innensenator und schließlich der Regierende Bürgermeister von Berlin. Aber das war nicht das Ende. Das war der Anfang.

Das Strafverfahren gegen den schießenden Polizisten war Schilys erster »politischer Prozess«. Er vertrat den Vater des Studenten als Nebenkläger, das Mandat hatte ihm Mahler vermittelt. Der Polizist wurde freigesprochen. In dem Film spricht Schily von etwas Düsterem, das den Prozess umgab, von

Beweismitteln, die verschwanden. Mahler sagt, für ihn sei das Verfahren »die Bestätigung der marxistischen Theorie über die Rolle des Staates als Instrument der Herrschenden zur Unterdrückung der ausgebeuteten Mehrheit«. So redet er wirklich.

Dann werden Bilder aus den sogenannten »Stammheim-Prozessen« gezeigt. Ströbele nennt das dafür neu erbaute Gerichtsgebäude »eine in Beton gegossene Vorverurteilung«. Auf einer Tonbandaufnahme ist Schily zu hören. Er brüllt durch den Saal: »Wir führen gegenüber der Macht das Argument des Rechts ins Feld.« Ich kenne keinen anderen Anwalt, dem spontan solche Sätze gelingen. Schily sollte damals von Polizeibeamten in Stammheim durchsucht werden, das vertrug sich nicht mit seiner Stellung als Anwalt, einem »unabhängigen Organ der Rechtspflege«. Dieser eine Satz sagt tatsächlich alles über Schily. *Das Argument des Rechts ins Feld führen* – genau das ist das Leitmotiv seines Lebens.

Alle wichtigen gesellschaftlichen Ereignisse spiegeln sich in Strafprozessen wider. Der Streit um den richtigen Weg wird immer auch vor den Gerichten und nicht nur in Wahlen ausgetragen. Bei den Verfahren gegen die RAF-Mitglieder ging es um den Rechtsstaat selbst. Die Demokratie war jung, sie stand dem Terror fast hilflos gegenüber. Die Politiker wirkten unsicher, sie handelten widersprüchlich, machten Fehler, eine klare rechtsstaatliche Haltung zu den Anschlägen der Terroristen gab es nicht.

In ihrer Ausbildung lernen Rechtsstudenten den Satz, der Angeklagte dürfe nicht zum bloßen Objekt eines Strafverfahrens werden. In einem gefestigten Rechtsstaat ist das selbstverständlich. Aber damals musste vor Gericht noch darum gekämpft werden, kaum jemand wollte verstehen, dass auch Terroristen Menschen sind, dass auch sie Würde besitzen. Schily, das Unrecht der Nazis vor Augen, hatte das verstanden. Er glaubte an das Recht, er wollte es durchsetzen, auch gegen die Gerichte, gegen die Staatsanwaltschaft, gegen einen Polizisten, der einen demonstrierenden Studenten von hinten erschießt. Das Recht selbst wurde so zum Mittelpunkt von Schilys Denken. Auch deshalb war er der Überzeugendste der Anwälte, hochbegabt, rhetorisch brillant, jeder Satz ohne falschen Ton. Viele verstanden später nicht, dass ausgerechnet »dieser Terroristenverteidiger« Bundesinnenminister wurde, aber der Schritt war nur konsequent. Schily hat – nach seinem Selbstverständnis – auch als Minister nie etwas anderes getan: Er wollte immer nur das Recht und den Rechtsstaat verteidigen, diese große Idee der Menschheit.

Ströbele ist völlig anders. Er sei betroffen, wenn etwas ungerecht ist, sagt er im Film. Seine Sätze haben oft etwas Rührendes. Kurz vor Ende des Films spricht er über sich selbst. Er gehe oft im Wald spazieren und koche gerne Marmelade ein. Kriege seien immer ungerecht, meint er. Wenn man ihm zuhört, scheint es plötzlich ganz einfach zu sein, zwischen Gut und Böse zu unterscheiden. Ströbele sitzt mit weißen Haaren und buschigen Augenbrauen im Gerichtssaal, er ist freundlich und warmherzig. Die Jesuiten in meinem Internat hätten ihn einen »anständigen Menschen« genannt, er ist ein durch und durch sympathischer Mann. Ich würde ihm ohne Zögern meine Brieftasche und meine Wohnungsschlüssel anvertrauen. Aber Schily würde ich als Verteidiger wählen.

Und Mahler? Er ist der Komplizierteste. Er war Gründungsmitglied der RAF, 1973 wurde er zu 12 Jahren Haft verurteilt, 1974 wurde das Strafmaß auf 14 Jahre erhöht. Als der Landesvorsitzende der CDU in Berlin im Jahr 1975 von RAF-Terroristen entführt wurde, um »gefangene Kameraden« freizupressen, blieb Mahler als Einziger freiwillig im Gefängnis zurück. 1980 wurde er entlassen. Später wurde er wieder und wieder wegen Volksverhetzung verurteilt. Jedes Gericht war für ihn eine Bühne, seinen Richtern drohte er manchmal die Todesstrafe an. Er leugnete den Holocaust und begrüßte den Interviewer einer Talkshow mit »Heil Hitler«. Im Film sieht man ihn bei Nazi-Kundgebungen, er redet wirres Zeug, es scheint ihm nichts mehr auszumachen.

Als Mahler 1970 inhaftiert wurde, kümmerte sich Ströbele um seine Familie, Schily brachte ihm Hegels Gesamtausgabe in die Gefängniszelle. Auch das ist typisch für die beiden Anwälte. Mahler, so wird in Justizkreisen erzählt, habe dann zehn Jahre lang nichts anderes als Hegel gelesen.

Von Hegel stammt das geschlossenste aller philosophischen Systeme, er ordnete die gesamte Wirklichkeit nach seinen Theorien, und wie bei jeder bedeutenden Ideologie kann es zum Sog werden, ihn zu lesen. Ich glaube, wenn Hegel von einem hochintelligenten Mann zehn Jahre in einer Gefängniszelle studiert wird, dann wird dieser Mann, wie Mahler wurde. Mahler ist der kalte, der unberührbare Intellektuelle, der sich in der letzten Verästelung einer Theorie verfängt und schließlich darin umkommt. Es gab immer wieder solche Menschen in der deutschen Geschichte, oft waren es Juristen. Ob sie nun rechts- oder linksextrem sind, spielt dabei gar keine Rolle. Mahler wurde zu einem Gefangenen seiner selbst.

Der Film ist eine Erzählung über dieses komplizierte Land. Drei junge Männer, drei grundverschiedene Charaktere, drei ganz unterschiedliche Entscheidungen für ein politisches Leben. Schily verteidigte das Recht gegen den Staat, Ströbele glaubte an das Gute, Mahler verfing sich in Extremen. Die drei Anwälte sind heute alte Männer, sie haben ihr Leben gelebt.

Am Ende des Filmes spricht jeder über den anderen. Mahler sagt, Schily halte ihn »für politischen Unrat«, aber er würde sich das »zur Ehre gereichen lassen«. Dann grinst er in die Kamera. Die Szene, in der Schily zu Mahler gefragt wird, ist eine der großen des Films. Schily hebt die Hände und sagt: »Eine Tragödie.« Sonst nichts.

Während ich diesen Text schreibe, sitze ich in einem Café vor dem Gericht, in dem der Mahler-Prozess 1973 stattfand. Es ist Herbst geworden, das Laub ist in Haufen zusammengerecht, eine Woche lang hat es ununterbrochen geregnet. Natürlich gibt es noch große Verfahren, und es wird sie weiterhin geben, aber alle in der Justiz haben aus den Stammheim-Prozessen gelernt. Die Strafprozessordnung wurde damals zum ersten Mal vollständig ausgereizt, der Rechtsstaat hat sich auch dort selbst gefunden. Der Kampf um die Würde des Angeklagten wird noch heute geführt, er muss es, Tag für Tag, aber vieles ist leichter geworden. Vielleicht ist das das eigentliche Verdienst der Anwälte in den Stammheim-Prozessen.

Ich erinnere mich nicht an alle Einzelheiten des Films, aber einen Ausschnitt kann ich nicht vergessen. Er ist die richtige Antwort auf Mahlers Entgleisungen. Am 13. März 1997 steht Schily am Rednerpult vor dem Deutschen Bundestag. Es geht um eine Ausstellung: »Vernichtungskrieg. Verbrechen der Wehrmacht 1941 bis 1944«. Schily kann kaum sprechen, er stockt, entschuldigt sich, ist den Tränen nahe. Dann erzählt er von seinen Brüdern, von den Opfern des Kriegs und von den Nazis. Ich weiß nicht, wann mich eine Rede das letzte Mal so berührt hat.

Fünf

Im Strafgericht Moabit darf seit Jahren nicht mehr geraucht werden. In den Fluren hängen gelbe Zettel auf den Kacheln:»Raucherbereich für Besucher auf dem Galgenhof«. Der Mandant raucht trotzdem. Er steht hinter dem Saaleingang auf der Treppe, die zu den Gefängniszellen führt. Ein Wachtmeister regt sich auf und verbietet es ihm. Der Mandant raucht weiter, er bleibt vollkommen ruhig. Seit sechs Monaten wartet er in Untersuchungshaft auf seinen Prozess wegen Totschlages. Er sieht den Wachtmeister an, zuckt mit den Schultern und sagt:»Was wollen Sie machen? Mich verhaften?«

Am 22. April 1947 geht Wehmeyer mit einem Bekannten von Berlin aus in Richtung Norden. In der zerstörten Hauptstadt gibt es wenig zu essen, die beiden Männer haben Hunger. Sie wollen Klei-

dungsstücke gegen Kartoffeln tauschen. Wehmeyer hat ein Paar Stiefel und eine Hose dabei. »Hamstergeschäfte« nannte man das damals, oft waren sie die einzige Möglichkeit zu überleben.

Wehmeyer ist 23 Jahre alt. Er lebt mit seiner Mutter und seinen Schwestern in einem ausrangierten S-Bahn-Wagen. Sein Vater starb kurz nach seiner Rückkehr aus russischer Gefangenschaft. Wehmeyer begann eine Lehre als Schlosser, stahl einen Meißel und wurde entlassen. Danach schlug er sich mit schlecht bezahlten Gelegenheitsarbeiten durch, eine unsichere Existenz ohne Zukunft.

Auf dem Weg lernen die beiden Männer eine Frau kennen. Sie ist 61 Jahre alt und auch zum Tauschen aufs Land gefahren. Am Abend treffen sie sich zufällig wieder. Wehmeyer hatte kein Glück, er wurde seine Sachen nicht los. Die Frau war erfolgreicher, sie besitzt nun einen Sack Kartoffeln, 20 Kilogramm, ein kleines Vermögen in dieser Zeit. Zu dritt laden sie den Sack auf einen Handkarren und gehen zurück nach Berlin. Es wird dunkel. Plötzlich schlägt Wehmeyer mit der Faust zu, ohne Vorwarnung, er trifft den Hals der Frau, ihr Kehlkopf bricht, sie stürzt zu Boden. Er fesselt ihre Hände auf dem Rücken, stopft ihr ein Taschentuch in den Mund, reißt ihren Schlüpfer herunter und vergewaltigt sie. Sein Bekannter sieht zu, er greift nicht ein. Später wird er sagen, er habe Angst vor Wehmeyer gehabt. Der Knebel nimmt der Frau die Luft, sie erstickt, *während sie von Wehmeyer vergewaltigt wird. Nachdem Wehmeyer fertig ist, nimmt er die Kartoffeln der Toten an sich.*

Fünf Tage später wird die Leiche der Frau auf einem Acker gefunden. Wehmeyer und sein Bekannter können schnell ermittelt werden. Auf der Polizeistation beschuldigen sie sich gegenseitig. Ein Gutachter des Gerichts befragt Wehmeyer und notiert später, der junge Mann sei schon immer »gefühlskalt und rücksichtslos« gewesen.

Der Prozess dauert nur einen Tag. Der Staatsanwalt verweist auf eine Vorstrafe wegen Raubes: Wehmeyer hatte einer Frau die Handtasche entrissen, damals war er 16 Jahre alt gewesen.

Die Richter sind sich schnell einig. Im Urteil heißt es: »Der Angeklagte hat sich durch seine grauenvolle Tat aus dem Kreise der gesitteten Menschheit ausgeschlossen und sein Recht zum Leben verwirkt.«

So klang das damals, zwei Jahre nach Kriegsende.

Wehmeyers Anwalt versucht ihn zu retten, er stellt Anträge, will Zeit gewinnen, er unternimmt alles, was ihm möglich ist. Vergebens. Die Richter wollen nichts mehr hören, sie folgen keinem einzigen Antrag. Sie wissen, dass sie die Todesstrafe nicht mehr lange vollstrecken lassen können.

Am 11. Mai 1949 trennt das Fallbeil Wehmeyers Kopf vom Rumpf. Es ist die letzte Hinrichtung in

Moabit. Zwölf Tage später tritt das Grundgesetz in Kraft, die Todesstrafe ist abgeschafft.

In der Nacht vor der Exekution soll Wehmeyer in seiner Zelle viel geraucht haben.

Sechs

1973 wird eine von Joseph Beuys mit Mullbinden und Heftpflastern versehene Badewanne von zwei Mitgliedern eines SPD-Ortsvereins gereinigt, um darin Gläser zu spülen. Der Schadensersatz für das zerstörte Kunstwerk beträgt 40 000 DM.

1974 lässt ein Hersteller von Haushaltsreinigern einen Werbefilm produzieren, in dem zwei Putzfrauen in einem Museum für moderne Kunst eine Badewanne schrubben.

1986 wird eine »Fettecke« von Joseph Beuys in der Düsseldorfer Kunstakademie vom Hausmeister in den Müllcontainer geworfen. Der Schadensersatz beträgt wieder 40 000 DM.

2014 werden die Überreste dieser »Fettecke« von drei Künstlern zu Schnaps verarbeitet. Die Künstler probieren den Alkohol, er schmecke wie Parmesankäse, sagen sie. Der Rest des Destillats wird in einer Glasflasche ausgestellt.

2011 wird in einem Museum in Dortmund ein Trog von Martin Kippenberger von einer Putzfrau gründlich gesäubert. Über die Höhe des Schadensersatzes ist nichts bekannt geworden.

Sieben

Zu einer Lesung in Süddeutschland kommt ein früherer Mitschüler aus meinem Internat. Ich erkenne ihn nicht wieder. Er war zwei Klassen über mir gewesen, damals waren wir zwölf und vierzehn Jahre alt. Ich war »Interner«, wie das dort hieß, »Externe« waren die Kinder aus den umliegenden Dörfern, die nur vormittags in die Schule kamen, aber nicht im Internat wohnten.

Sein Vater war Förster, ein dunkler, kleiner Mann mit schwarzem Vollbart und seltsam hoher Stimme. Einmal hatte ich ihn besucht, das Abendessen nahm die Familie schweigend ein. In der Ecke des kleinen Wohnzimmers über der Eichensitzbank stand ein gekreuzigter Jesus in einem Glaskasten. Das Wort »Herrgottswinkel« hatte ich bis dahin noch nie gehört.

Nach dem Abendessen bedankte ich mich bei

der Mutter, es sei sehr gut gewesen, sagte ich. Ihr Mund war ein weißer Strich in ihrem gelben Gesicht: »Man sagt nicht, dass Essen gut ist. Essen ist immer gut.«

Der Mitschüler war ein weicher Junge mit dunklen Augen. Er war in allen Fächern begabt, beliebt bei den Mädchen. Einmal kam er mit einem blauen Auge in die Schule, er habe sich gestoßen, sagte er. Und ein anderes Mal hatten wir in den Umkleideräumen im Sportunterricht gesehen, dass sein Rücken voller blutiger Striemen war. Irgendwann habe ich ihn aus den Augen verloren.

Nach der Lesung lädt er mich zum Abendessen ein. Wir fahren durch den Wald zu seinem Haus, er spricht kaum, das ist anders als früher. Sein Wagen riecht nach nassen Hunden und Baumharz. Als wir aussteigen, nimmt er wortlos ein Gewehr aus dem Kofferraum und hängt es sich um. Erst jetzt erkenne ich alles wieder: Er wohnt in dem Haus seines Vaters und ist Förster geworden, wie er.

Acht

Imre Kertész ist heute gestorben. Er hatte eine Wohnung über der Kanzlei. Wir haben uns manchmal in dem langsamen Aufzug getroffen und über Literatur, die Oper und die Restaurants in unserer Straße gesprochen.

Irgendwann bat er mich, eine kleine rechtliche Sache für ihn zu erledigen. Als ich damit fertig war, wollte ich ihm die Mühe ersparen ins Büro zu kommen, also brachte ich ihm die Unterlagen nach oben. Es war etwa acht Uhr abends. Er öffnete die Tür, elegant gekleidet wie immer, seine feinen Schuhe, eine Kaschmirjacke, ein altes, sehr schweres Parfum. Er bat mich herein. Er wohnte damals alleine, seine Frau besuchte ihn nur selten. Ich wusste nicht, wie krank er schon war. In seinem Wohnzimmer hatte er gedeckt, weiße Tischdecke, Silberbesteck, Kristallgläser, zwei Kerzen. Ich fragte, ob er noch jemanden erwarte, ich wolle nicht stören. Nein, nein, sagte er, das mache er jeden Abend so. Jetzt dürfe man sich »doch nicht auch noch gehen lassen«.

Kertész wusste alles über den Tod. Er war in den Konzentrationslagern in Auschwitz, in Buchenwald und in Tröglitz/Rehmsdorf gewesen. Er hatte überlebt. 1945 wurde er befreit, damals war er erst 16 Jahre alt. Er schrieb: »Ich glaube, ich habe alle meine Augenblicke schon erlebt. Es ist fertig, und ich bin noch da.«

Sich selbst zu lieben, das ist zu viel verlangt. Aber die Form ist zu wahren, es ist unser letzter Halt.

Neun

In Zürich treffe ich einen Richter des obersten Schweizer Gerichts. Wir sprechen über die Todesstrafe, über das allmähliche Aufweichen unserer letzten Grenzen. Er sagt, in der Schweiz sei die Verfassung leicht zu ändern. Es habe schon Abstimmungen über das Strafrecht gegeben, zum Beispiel über die lebenslängliche Verwahrung. Die Rechtsprofessoren, die Justiz und die aufgeklärte Gesellschaft seien damals einer Meinung gewesen. Das Volk habe anders abgestimmt.

Der Richter ist ein besonnener, ruhiger Mann. Er fragt sich, was »Geltung der Gesetze« eigentlich bedeutet. Was soll er tun, wenn die Mehrheit in seinem Land ein Gesetz beschließt, das wieder die Todesstrafe einführt? Wann soll eine Sachentscheidung über eine Mehrheitsentscheidung gestellt werden? Wann muss sie es? Oder zählt Ethik nichts gegen den Bürgerwillen? Und, falls doch, wer soll bestimmen, was diese Ethik ist?

1893 wird Will Purvis in den USA wegen Mordes zum Tode verurteilt, er habe einen Mann getötet. Der Hintergrund ist kompliziert, es geht um eine Organisation, die dem Ku-Klux-Klan ähnelt, um Verdächtigungen und um den tödlichen Schuss eines Heckenschützen.

In dem Prozess behauptet Purvis, er sei unschuldig. Die Geschworenen glauben seinen Alibizeugen nicht. Als er aus dem Gerichtssaal geführt wird, schreit er die Richter an: »Ihr werdet alle vor mir sterben. Ich werde jeden von euch überleben.«

Am 7. Februar 1894 legt der Henker den Strick um Purvis' Hals. Hunderte Schaulustige sind gekommen. Der Henker betätigt die Falltür, aber der Knoten löst sich, Purvis bleibt unverletzt. Er wird zurück ins Gefängnis gebracht. Der Oberste Gerichtshof von Mississippi erklärt kurz darauf, Purvis solle noch einmal gehängt werden.

In der Nacht vor seiner Hinrichtung kann er aus dem Gefängnis fliehen. Drei Jahre später (inzwischen ist ein neuer Gouverneur im Amt) wird er begnadigt. Purvis heiratet und bekommt sieben Kinder. 24 Jahre nach dem Mord gesteht ein anderer Mann den Mord, für den Purvis verurteilt worden war. Purvis erhält 5000 Dollar Entschädigung, damals eine enorme Summe.

1938 stirbt Purvis friedlich als alter Mann im Kreis seiner Familie. Und er hat recht behalten: Drei Tage zuvor war der letzte der zwölf Geschworenen gestorben, die ihn vor 45 Jahren zum Tode verurteilt hatten.

Der Richter in Zürich denkt lange nach. Schließlich sagt, er würde zurücktreten. Ein Gesetz, das die Todesstrafe erlaube, könne er nicht mittragen.

Zehn

Die Chefredakteurin eines sogenannten Lifestyle-Magazins fragt, ob ich Lust hätte, zu einer Mode-show nach Paris mitzukommen, vielleicht könnte ich ja etwas darüber schreiben. Es sei der Glanz-punkt der Modetage dort, ein außergewöhnlicher »Event«, sagt sie, weil in ihrer Welt alle so reden. Es sei die höchste Ehre, dabei zu sein, fast unmög-lich, eine Karte zu bekommen, man brauche »Con-nections«. Sie zeigt mir die Einladung auf viel zu dickem Karton, die sie seit Tagen in ihrer Handta-sche trägt. »Haute-Couture« steht auf ihr in Kin-derschrift gemalt.

»Wenn du das Glück hattest, als junger Mensch in Paris zu leben, dann trägst du die Stadt für den Rest deines Lebens in dir, wohin du auch gehen magst, denn Paris ist ein Fest fürs Leben.«

Ende der 1950er-Jahre schrieb Ernest Hemingway das über Paris, es wurde sein glücklichstes Buch. Er lebte in den 1920er Jahren in dieser Stadt, er traf damals Gertrude Stein, James Joyce, Ezra Pound, Ford Madox Ford, John Dos Passos und F. Scott Fitzgerald. Hier wurde er zum Schriftsteller. Hemingway soll bei seiner Abreise einen Koffer mit Tagebüchern und Notizen im *Hotel Ritz* vergessen haben. Erst als er 1956 wieder Paris besuchte und ein Kellner ihm überraschend den Koffer aus dem Keller brachte, konnte er dieses Buch schreiben. Er hatte jetzt die Erfahrung eines ganzen Schriftstellerlebens und die frischen Erinnerungen seiner Jugend. Ich weiß nicht, ob das stimmt, aber vielleicht kommt es bei guten Geschichte auch gar nicht so sehr darauf an.

Als ich jung war, durfte man in den Cafés noch rauchen. Ich bewohnte ein winziges Zimmer, es war teuer und in einem grauenhaften Zustand. Neben mir hatte eine dicke Prostituierte aus dem Senegal eine Wohnung gemietet. Wir verstanden uns gut, aber ihre Arbeitszeiten dauerten immer bis fünf oder sechs Uhr morgens, und sie war mit ihren Kunden so laut, dass ich kaum schlafen konnte. Oft lud sie mich am frühen Morgen ein, wir tranken bei ihr scheußlichen, aber billigen Instantkaffee. Sie erzählte dann von ihren Kunden und deren seltsamen Wünschen, und sie zeigte mir Fotos von ihrer großen Familie, der sie fast all ihr Geld schickte. Ich sprach kaum Französisch, aber das machte nichts, denn sie redete genug für uns beide, und wir waren so weniger einsam. In meinem Zimmer gab es nur einen kleinen Heizlüfter, im Winter war es zu kalt, die Fenster froren zu, und auf den dünnen Glasscheiben bildeten sich Eisblumen.

»Nachts musstest du wegen des Regens die Fenster geschlossen halten, und der kalte Wind streifte das Laub von den Bäumen auf der Place Contrescarpe. Die Blätter lagen durchnässt im Regen, und der Wind trieb den Regen gegen den großen grünen Autobus an der Endstation, und das Café des Amateurs war überfüllt, und drinnen beschlugen die Fenster von Wärme und Rauch.«

Damals hatte ich kein Geld und saß lange in solchen billigen Cafés. Ich weiß nicht, ob es daran liegt, dass ich in Paris in einem Alter war, in dem man von Orten geprägt wird und alles für mich neu war, aber ich träume noch immer von dieser Stadt, von ihren Gerüchen und Farben, von den Freunden, von der Zeit, als wir glaubten, dass uns alles gelingen würde, weil wir nur wenig wussten und weil die Wirklichkeit noch keine Macht über uns hatte. Daran denke ich, als mich die Chefredakteurin fragt, und sage zu.

Schon die Anreise ist grauenhaft, kilometerlanger Stau, die Fahrt vom Flughafen dauert anderthalb Stunden. Die Chefredakteurin treffe ich im Café

Flore. Die Menschen, die dort sitzen, scheinen alle aus der Modebranche zu kommen. Dauernd sehen sie sich um, ob sie jemanden erkennen und ob sie jemand erkennt. Mit ihren Handys machen sie Fotos für Instagram und Facebook, sie fotografieren das Essen und die Servietten und selbst die kleinen Zuckertütchen, die auf den Untertassen liegen.

»Es war ein angenehmes Café, warm und sauber und freundlich, und ich hängte meinen alten Regenmantel zum Trocknen an die Garderobe, legte meinen abgewetzten verwitterten Filzhut auf die Ablage über der Bank und bestellte einen café au lait. Der Kellner brachte ihn, und ich nahm ein Notizbuch aus der Manteltasche und einen Bleistift und begann zu schreiben.«

Das Café Hemingways lag am Place Saint-Michel, nicht weit entfernt vom Boulevard Saint-Germain und vom Café Flore, in dem wir gerade sitzen. Ich wäre lieber dort. Jetzt sind die schönsten Tage hier, unter den Platanen ist es kühler geworden, nachts spiegelt sich das Licht der Cafés und der beleuchteten Geschäfte auf den Trottoirs, und es riecht schon nach Herbst. Diese Stadt scheint alles zu überstehen, die Hollywood-Liebesfilme, den Eiffelturmkitsch und selbst die immer leer stehenden Fünfzig-Millionen-Euro-Wohnungen, die Arabern und Russen gehören.

»Ich bestellte noch einen Rum St. James und beob-
achtete das Mädchen, wenn ich einmal aufblickte
oder wenn ich den Bleistift mit einem Spitzer an-
spitzte und die aufgerollten Späne in den Untertel-
ler unter meinem Glas rieselten. Ich habe dich gesehen, Schöne, und jetzt gehörst du mir, auf wen auch
immer du wartest, selbst wenn ich dich niemals wie-
dersehe, dachte ich. Du gehörst mir, und ganz Paris
gehört mir, und ich gehöre diesem Notizbuch und
diesem Bleistift.«

Solange man schreibt, spricht man mit den Menschen, die man erfindet, man lebt ihr Leben mit
ihnen, und die Zeit zwischen dem Schreiben wird
irgendwann unwichtig, das Schreiben wird zum
Eigentlichen. Das geht auch im Café Deux Magots,
und es geht sogar im Café Flore, trotz der Menschen
dort, trotz der Modewoche und trotz der Handy-
fotos. Es geht, wenn man alleine ist und für sich
bleiben darf.

Am nächsten Tag fahren wir mit dem Taxi zum
Grand Palais, hunderte Menschen stehen dort und
hoffen auf Eintrittskarten. Die Decke im Palais ist
über 40 Meter hoch, das Dach ist aus Glas, ein-
gefasst von hellgrün gestrichenen und genieteten
Eisenstreben. Hier besuchten Frauen in Sommer-
kleidern und Männer in hellen Anzügen im letzten Jahrhundert die ersten Automobilausstellungen
und glaubten an den Fortschritt. Das Leben würde

leichter und interessanter werden, dachten sie damals, in der sehr kurzen Zeit vor den großen Kriegen.

Die Ausstattung der Haute-Couture-Show ist perfekt: Zitate von Kunstwerken an den Wänden und auf dem Boden, alles ist blendend weiß gestrichen, die ganze Halle sieht aus wie ein überbelichtetes Foto. Kellner reichen Zuckergebäck auf silbernen Tabletts, aber natürlich isst hier niemand etwas. Die reichsten und schönsten und berühmtesten Menschen der Welt sitzen auf weiß lackierten Holzkästen ohne Lehne, und wenn eine Schwangere fotografiert wird, dreht sie sich sofort zur Seite, damit zu sehen ist, dass sie ein Kind erwartet und nicht einfach nur dick geworden ist.

Die Show beginnt ohrenbetäubend laut, ein dumpf hämmernder Rhythmus, der auf den Magen schlägt. Die Models erscheinen, ihre Gesichter sind dunkel geschminkt, sie sehen aus wie Erinnyen, griechische Rachegöttinnen. Keine der Frauen lächelt. Ihr Gang ist grotesk, sie schieben ihre Becken weit nach vorne, ich habe Angst, dass sie umfallen. Die jungen Frauen wirken furchtbar angestrengt, Strichmenschen ohne Brüste und ohne Po. Nach zwölf Minuten ist alles vorbei. Später erzählt mir jemand, die Models würden nur Eiswürfel und Watte essen, die sie kurz in Orangensaft tunken.

Das alles hier ist ein Missverständnis. Mode ist eine Illusion, ein glückliches Versprechen. Natürlich wird es nie eingelöst, aber es muss hell und lachend und leicht sein. Ich wollte Frauen bewundern und raffinierte Kleider sehen, ich habe auf Schönheit, Eleganz und Perfektion gehofft. Das hier war nur das sterile Zwölf-Minuten-Ballett eines Milliarden-Euro-Unternehmens. Nach der Vorführung bekommt der Gast eine Tüte mit Duschgel und Badezusatz in schwarzen Verpackungen überreicht. Ich gebe sie einer Frau vor dem Palais, die keine Eintrittskarte bekommen hatte.

Auf dem Rückflug denke ich an das Ringelnatz-Gedicht:

Schenk mir dein Herz für vierzehn Tage,
Du weit ausschreitendes Giraffenkind,
Auf daß ich ehrlich und wie in den Wind
Dir Gutes und Verliebtes sage.
Als ich dich sah, du lange Gabriele,
Hat mich ein Loch in deinem Strumpf gerührt,
Und ohne daß du's weißt, hat meine Seele
Durch dieses Loch sich bei dir eingeführt.
Verjag sie nicht und sage: Ja!
Es war so schön, als ich dich sah.

Elf

Sie übernachtet in einem Dorf an der Atlantikküste. Bis hierher ist sie alleine gefahren, fast 16 Stunden in dem kleinen Wagen. Sie hat oft geweint in den letzten Tagen.

Das Hotel ist eng, in dem Zimmer ist es stickig, sie kann nicht schlafen. Sie zieht sich wieder an und geht durch den Ort, die Cafés und Restaurants sind seit Stunden geschlossen. An manchen Häusern sind Tafeln angebracht, vor 50 Jahren lebten hier Maler und Schriftsteller. »Wegen des Lichts«, stand im Prospekt des Hotels, der auf dem Nachttisch lag. Sie liest die Namen der Toten auf den Hauswänden.

Immer noch fragt sie sich, ob es richtig war. Sie ist einfach gegangen, obwohl er die vielen Jahre freundlich mit ihr war, liebevoll, er hat sich um sie gekümmert, ihr Leben geordnet und auf sie achtgegeben. Nichts an ihm war falsch, er war ihr Zuhause, ein guter Mensch, viel besser als sie. Es gibt keine Erklärung, keinen Satz, nichts, woran sie sich festhalten kann.

Eine Zeitlang sitzt sie auf einer Steinbank am Hafen, der Geruch der Fäulnis, das Brackwasser, das gegen die Kaimauern schwappt, das feuchte Salz auf der Haut. Sie erinnert sich, wie sie vor einigen Jahren am Meer waren, nicht weit von hier. Sie sahen frühmorgens ein Reh im Wasser schwimmen, der erhobene Kopf des Tieres zwischen den goldenen Wellen, sinnlos und irr. Damals hatte sie ihm gesagt, er wisse nicht, wer sie sei, und die Bilder in seinem Kopf seien nur seine Bilder, nicht sie selbst.

Endlich wird sie müde und kehrt um. Auf dem Balkon im zweiten Stock des Hotels steht eine Frau, sie ist nackt und raucht eine Zigarette. Die Frau auf dem Balkon sieht zu ihr und nickt ihr zu, Schlaflose wissen voneinander. Ein Mann tritt hinter ihr auf den Balkon, er umfasst ihre Brüste, sie lacht hell auf und hält seine Hand fest. Dann lässt sie die Zigarette fallen, dreht sich zu ihm um und verschwindet in die Dunkelheit des Zimmers.

Sie geht in ihr Zimmer, legt sich aufs Bett ohne sich auszuziehen und schläft sofort ein. Nach ein paar Stunden erwacht sie verschwitzt, die Kleidung klebt an ihrem Körper. Sie öffnet die Tür zu dem kleinen Balkon. Endlich hat es geregnet, die Luft ist frisch und kühl. Auch ohne die Begabung glücklich zu sein, gibt es eine Pflicht zu leben, denkt sie jetzt.

Zwölf

Lars Gustafsson war ein schwedischer Schriftsteller. Er gewann bedeutende Literaturpreise, seine Bücher wurden in jede Weltsprache übersetzt, viele Jahre galt er als Kandidat für den Nobelpreis.

In den 70er Jahren hat er ein Buch geschrieben: »Die Tennisspieler«. Darin nimmt ein Professor aus Schweden eine Stelle an der Universität in Austin, Texas, an. Er soll dort Philosophie und Literatur unterrichten. Der Professor ist bleich, dünn, müde und unsportlich. Er mag die amerikanischen Studenten, ihre Neugier, das Unkomplizierte und Leichte, sie sind ganz anders als ihre europäischen Kommilitonen, denkt er. Sein Englisch ist noch nicht gut, er übersetzt Nietzsches »Übermensch« mit »Superman«, und das führt zu Verwicklungen. In der neuen Welt, weit weg vom dunklen Schweden, in der Hitze Austins, beginnt er sich allmählich zu verändern. Im Laufe des Buchs wird er zu einem erstklassigen Tennisspieler. Und er wird frei.

Lars Gustafsson unterrichtete tatsächlich in Austin Literatur und Philosophie. 1983 war er auf einer Lesereise durch Europa. In Konstanz besuchte ich eine seiner Veranstaltungen und danach fragte ich ihn, ob er Lust hätte, eine Runde Tennis mit mir zu spielen. Er sagte zu.

Am nächsten Morgen holte ich ihn ab, ein hellblauer Tag im Hochsommer. Unser Tennisplatz lag vorne im Park. Es war sehr heiß auf dem roten Sand. In den Pausen standen wir an den Rändern des Platzes unter dem dunklen Grün der alten Kastanien und der Ulmen im Schatten. Gustafsson bewegte sich etwas steif, aber er spielte sehr konzentriert und hatte einen guten, harten Schlag.

Später gingen wir schwimmen. Ich fragte ihn, ob ihn seine Veranstaltungen anstrengen würden. Er lachte und erzählte mir von einer Lesung in Schweden, in einem winzigen Dorf, weit draußen auf dem Land. Kurz nachdem er losgefahren war, zog ein Sturm auf, es begann fürchterlich zu schneien, nach ein paar Minuten lag auf der Straße eine geschlossene Schneedecke. Gustafsson dachte daran umzukehren, aber er war schon zu weit. Endlich erreichte er das Dorf.

Schweden ist ein sehr wohlhabendes Land und

gibt viel Geld für Kultur aus, deshalb stand selbst an diesem abgelegenen Ort noch eine riesige Gemeindehalle mit Theaterbühne, 1200 Plätze. Gustafsson rutschte auf dem Parkplatz zweimal aus, dann endlich erreichte er die Eingangstür. Drinnen war es hell und warm, aber die ganze Halle war vollkommen leer. Nur in der ersten Reihe saß ein einzelner Mann. Gustafsson wollte jetzt auf keinen Fall wieder zurück zum Wagen. Und schließlich, sagte er sich, ist dieser Mann trotz des grässlichen Wetters auch gekommen. Also riss er sich zusammen, bestieg die Bühne, stellte sich ans Rednerpult und begann zu lesen.

Irgendwie war er jetzt sogar ein wenig stolz auf sich, er fühlte sich wie der Retter der Literatur, ja, sagte er sich, es ist ganz richtig auch nur für einen einzigen Menschen zu lesen, es könnte ja der letzte Freund der Bücher sein. Er strengte sich also an, obwohl es ihm auch etwas absurd vorkam. Trotzdem hielt er den gleichen Vortrag, den er schon vor tausenden Menschen in New York, Paris, Rom und Berlin gehalten hatte.

Immer wieder dachte er während der Lesung, dass er diesen Mann in der ersten Reihe schon einmal gesehen hatte, aber er konnte ihn nicht einordnen.

Nach anderthalb Stunden beendete er seinen Vortrag. Der Mann in der ersten Reihe klatschte höflich, Gustafsson verbeugte sich, verließ die Bühne und ging durch den Saal zur Tür. Im letzten Moment sah er, wie nun der andere Mann auf die Bühne stieg, das Mikrophon zu sich zog, ein paar Blätter aus seiner Aktentasche holte und zu sprechen begann. Jetzt endlich erkannte Gustafsson ihn: Es war der zweite berühmte Schriftsteller, der für diesen Abend eingeladen worden war.

Am Swimmingpool saßen wir unter dem ausgebleichten blau-weißen Holzdach und tranken Eistee. Gustafsson erzählte vom Winter in Schweden und von der Hitze in Austin, und dann sprachen wir über den Aufschlag beim Tennis. Er hielt ihn für ein Wunder, selbst die größten Spieler der Welt könnten sechsmal hintereinander den Ball verfehlen. Niemand wisse, warum das passiere, es sei nicht zu berechnen. Der Aufschlag beim Tennis sei genauso kompliziert wie die Frage, auf welche Weise unser Leben gelingen könne, sagte er.

Viel später las ich in einem Gedicht, wie er sterben wollte.

Es soll ein Tag Anfang August sein
die Schwalben fort, doch eine Hummel
noch irgendwo, die im Himbeerschatten
ihren Bogen ausprobiert.
Ein leichter, doch nicht hartnäckiger Wind
soll über die Wiesen des August gehen.

Du sollst da sein,
aber du sollst nicht viel reden,
mir nur ein wenig über die Haare streichen
und mir in die Augen sehen
mit diesem kleinen Lächeln
zuinnerst im Augenwinkel.
Und dann will ich
nicht ohne Erleichterung
diese Welt verschwinden sehen.

Am 2. April 2016 setzte am frühen Abend in Västerås ein leichter Nieselregen ein. In der Nacht war der Himmel bedeckt. Der nächste Tag, ein Sonntag, war trocken, die Höchsttemperatur lag bei elf Grad. Der Wind wehte jetzt mit sechs Kilometern pro Stunde, das Wetteramt stellte eine »leichte Brise« fest. Sommerwiesen gab es noch nicht, aber die Frühjahrsblüte in der Weite Västerås' beginnt im April, und mit ihr erwachen die Hummelköniginnen aus dem Winterschlaf.

Es ist Zeit, nach Hause zu gehen.
Doch wir sind schon zu Hause.

Lars Gustafsson starb am 3. April 2016.

Dreizehn

Der Inhaber eines Papiergeschäfts zeigt mir Ausmalbücher für Erwachsene. Sie seien der große neue Trend. Sie würden sich so gut verkaufen, dass ein Hersteller von Blei- und Farbstiften seit Wochen Nachtschichten fahre, um den immer weiter wachsenden Bedarf zu decken.

Die Käufer solcher Ausmalbücher, so der Geschäftsinhaber, würden behaupten, ihnen verschaffe das Malen »Ruhe«. Einer habe ihm sogar erklärt, es »verlangsame den Alltag«. Das klinge seltsam, natürlich, aber auf *Amazon* stünde ein Ausmalbuch mittlerweile auf Platz 4 der Bestsellerliste. Jedenfalls sei es für ihn, den Inhaber der Papierbedarfshandlung, ein ausgezeichnetes Geschäft, denn nur wohlhabende Menschen würden so etwas machen. Seine Kunden verlangten immer nach den teuersten Stiften und den teuersten Büchern.

Er zeigt mir den »Albrecht Dürer Holzkoffer«. Er beinhalte 120 »Künstleraquarellstifte«, sie seien von »unübertroffener Lichtbeständigkeit und Farbbrillanz«. Der Renner in seinem Angebot sei jedoch das »Ausmal-Berlin-Plakat«, zwei mal zwei Meter, allerbestes Papier. Es sei andauernd ausverkauft, er könne es gar nicht schnell genug nachbestellen. Freunde und Bekannte würden sich zum Abendessen treffen und danach gemeinsam das Plakat ausmalen.

Draußen hat es kurz geregnet, und jetzt riecht es vor der Tür des Papiergeschäftes nach Lindenblüten, nach Benzin und nach dem nassen Asphalt, der in der Sonne trocknet. Ein paar Häuser weiter ist eine Buchhandlung. Die gebundene Ausgabe von »Schrecklich amüsant – aber in Zukunft ohne mich« von David Foster Wallace liegt im Schaufenster. Sie kostet 20 Euro. Das Ausmalbuch für Erwachsene mit dem Titel »Alpen« ist sieben Euro teurer.

Vierzehn

Vor einigen Jahren musste ich nach Brasilien. Ein Mandant war dort verhaftet worden, er hatte versucht, einige hundert Kilogramm Kokain nach Europa zu schmuggeln. Drogen in so großen Mengen zu transportieren ist kompliziert. Die erste Regel professioneller Straftäter – Verbrechen alleine zu begehen und mit niemandem darüber zu sprechen – lässt sich bei solchen Geschäften kaum durchhalten. Mein Mandant hatte ein Mitglied seiner Organisation nicht genügend bezahlt oder nicht genügend bedroht, er wurde verraten und jetzt saß er seit sechs Monaten in Rio de Janeiro in Haft.

Dieses Gefängnis war ein übler Ort. Schmutziges Wasser stand auf den Steinböden, die Gefangenen saßen mit angezogenen Beinen auf Holzpritschen, es stank wie in einer Kloake. Die Zellen waren für acht Häftlinge gebaut, jetzt lebten zwanzig oder dreißig Männer hier, der Abort war nur ein Loch im Boden. Viele waren krank, die Zähne fielen ihnen aus, auf ihrer Haut bildeten sich Ekzeme und über die feuchten Wände liefen große Insekten. Es gab immer wieder Aufstände, hunderte Menschen starben, Inhaftierte wurden von einheimischen Verbrechersyndikaten gefoltert und getötet, die Leichen wurden zerstückelt und in die Kanalisation gespült.

Ich wohnte im *Copacabana Palace*, einem angenehmen Hotel aus den 20er Jahren, direkt am Strand gelegen. Marlene Dietrich, Orson Welles, Igor Strawinsky und Stefan Zweig hatten hier einige Zeit verbracht. Das Hotel hatte einen Swimmingpool, und vor der Terrasse lag das Meer. Stundenlang saß ich mit Dolmetschern und lokalen Rechtsanwälten dort, wir entwarfen Verteidigungsstrategien und diskutierten Wege, wie der Mandant nach Europa ausgeliefert werden könnte. Es war merkwürdig: Wir sahen den berühmtesten Strand der Welt, auf dem weißen Sand unter Sonnenschirmen gab es kleine Bars, Männer mit eingeölten Körpern führten Kampfsporttänze auf und spielten Fußvolleyball, viele der jungen Frauen trugen die knappe Badekleidung, die von den Einheimischen »Fio dental« genannt wird – »Zahnseide«. Aber hier sprachen wir über den Tod in den Gefängnissen und das verwirrende Rechtssystem Brasiliens.

Am letzten Tag saß ich alleine auf der Terrasse

und versuchte mit Hilfe eines portugiesisch-englischen Wörterbuches aus der Bibliothek des Hotels die Beschlüsse des Gerichts zu verstehen. Ich trank Eistee und aß Toastbrote mit kalten Gurkenscheiben, als sich ein dicker Mann in einem verknitterten Leinenanzug vor meinen Tisch stellte. Er begrüßte mich herzlich und nannte dabei meinen Namen, aber ich erkannte ihn nicht.

»Weißt du nicht mehr, wer ich bin?«, fragte er und lachte. Sein Deutsch war fehlerlos, nur ein leichter englischer Akzent.

»Verzeihen Sie bitte…«

»Nein, nein, schon gut«, unterbrach er mich. »Ich bin etwas aus der Form gegangen, das stimmt schon«, sagte er und legte seine Hände auf den Bauch. Und dann nannte er seinen Namen: »Harold«.

In diesem Moment fiel es mir wieder ein. Vor mehr als 30 Jahren hatte ich Harold auf einer Hochzeit kennengelernt, einer seiner Großcousins hatte eine Freundin von mir geheiratet. Die Ehe wurde nach zwei Jahren wieder geschieden, Harold nannte das »Irrtumsehe«. Er studierte damals in München Brauereiwirtschaft, Germanistik und Philosophie – eine Kombination, die er für »ganz natürlich« hielt.

Ein paarmal besuchte ich ihn in den Semesterferien in Nordengland. Seine Familie bewohnte ein Schloss aus dem 18. Jahrhundert, das dort nur »das Haus« hieß. Harold meinte, *das Haus* habe »so ungefähr 120 Zimmer«, natürlich hatte auch er sie nie gezählt.

Er war das einzige Kind der Familie. Es war ausgemacht, dass er den Titel seines Vaters, *das Haus*, die Landschaftsgärten, die Land- und Forstwirtschaft, die Brauereien und die Fischzucht erben würde. Seine Familie war mit Bertrand Russell und den Mitford-Schwestern verwandt, er machte Witze über seine Nummer in der englischen Thronfolge. Ein Philosophielehrer in München sagte mir viel später, Harold sei sein begabtester Student gewesen. Es stimmte, er hatte eine strahlende Intelligenz, gleichzeitig fehlte ihm jeder Ehrgeiz. Sich anzustrengen sei albern, sagte er. In den Ferien verbrachten wir ganze Tage damit, auf dem Dach des *Hauses* zu liegen und Erdbeeren zu essen, während er immer neue Anekdoten über seine Verwandtschaft erzählte.

Harold setzte sich zu mir. Seine Haut war von der Sonne gerötet, die früher blonden Haare waren jetzt weiß. Er winkte einen Kellner heran.

Ob er hier Ferien mache, fragte ich ihn.

»Ich wohne hier, ungefähr seit zwei Jahren«, sagte er. »Bin irgendwie gestrandet. Essen und Klima sind gut, das Meer gefällt mir, nur den Strand mag ich nicht besonders.«

Ich fragte nach seiner Familie. Sein Vater sei vor ein paar Jahren gestorben, sagte er. »Meine Mutter ist nach 25 Jahren Ehe mit einem anderen Mann durchgebrannt, einem Investmentbanker oder Reitlehrer oder so etwas.«

Harolds Vater hatte jeden Tag dreiteilige Anzüge getragen, aber ich hatte ihn nie in anderen Schuhen als in schwarzen Gummistiefeln gesehen.

»Und warum bist du nicht in England?«

»Na ja«, sagte er und bestellte ein kaltes Brahma-Bier. »Meinen Vater hat die Trennung ruiniert. Nicht finanziell, dafür gab es Verträge, aber in jeder anderen Hinsicht. Während der Ehe war er wohl nicht besonders nett zu ihr, aber nach der Trennung begann er zu trinken. Und dann…«

Der Kellner brachte das Bier. Auf dem Glas schlug sich Kondenswasser nieder.

»…und dann«, sagte er, »überschrieb er *das Haus* und das Land dem *National Trust*. Ich habe noch ein lebenslanges Wohnrecht in vier Zimmern. Aber es ist jetzt überall aufgeräumt und nicht mehr sehr nett. Jeden Tag kommen Busse mit Besuchern. Sie zahlen vier Pfund zwanzig Penny Eintritt und kaufen Postkarten und Schlüsselanhänger mit dem *Haus.*«

»Warum hat dein Vater das getan?«

»Na ja, ich bin der Letzte in der Reihe, nach mir kommt wohl nichts mehr. Vermutlich hätte ich es selbst auch irgendwann so machen müssen, vielleicht wollte er es mir nur abnehmen.«

Ich erzählte ihm von einem Morgen in seinem Haus. Ich war früh aufgestanden, der Rasen war noch feucht gewesen, eine graugrüne Regenbeleuchtung. Im Bootsschuppen lagen lauter vergessene Dinge: eine Axt mit zerbrochenem Stiel, eingetrockneter Lack in Blechdosen, ein Rettungsring mit gerissener Kordel. Die hellblaue Farbe war vom Holz des Bootes abgeblättert. Ich war hinaus auf den See gerudert. Es war still gewesen und kalt. Dann, hoch oben, das laute Rufen der Graugänse. Es müssen hunderte gewesen sein. Ich hatte so etwas noch nie gesehen.

»Ja, die Graugänse«, sagte Harold, »an sie denke ich oft. Sie fliegen nach Afrika, der Erdmagnetismus leitet sie. *Nächtliche Reisende* nannte mein Vater sie.«

»Fehlt dir das alles nicht?«

Harold dachte nach. In seinem Gesicht sah ich jetzt den jungen Mann wieder, der er damals war.

»Ich glaube nicht, mein Lieber«, sagte er nach einer Weile. »Nein. Heimat ist kein Ort, es ist unsere Erinnerung.«

Später nahm Harold mich zu einem Abendessen bei seinen Freunden mit. Mir wurde es bald zu viel, ich bestellte ein Taxi zurück ins Hotel. Am Strand stieg ich aus und ging über den beleuchteten Boulevard mit seinem Wellenmuster aus schwarzem und weißem Marmor. Es war wieder kühler geworden, das Meer war ruhig. Plötzlich dachte ich an meinen Vater. Er steht mit nackten Füßen im Fluss und angelt. Er trägt einen ausgeblichenen Strohhut und hat eine Zigarette im Mundwinkel. Er ist schmal und groß und braungebrannt, die Ärmel seines weißen Hemdes sind hochgekrempelt, das Glas seiner Uhr reflektiert immer wieder die Sonne. Es riecht nach frisch geschnittenem Gras. Er hat mir ein rotes Schweizer Taschenmesser geschenkt, ich bin sechs oder sieben Jahre alt. Ich sitze auf einem Stein und spitze damit Äste an. Als er zwei Forellen gefangen hat, reiben wir sie mit Salz ein, spießen sie auf die Stöcke und halten sie über das Feuer. Meine Hände sind vom Baumharz schwarz und verklebt, ich bekomme es auch im Fluss kaum ab. Mein Vater sagt, aus Harz könne man Pech machen. Er erzählt von einem Physiker in Australien, der wissen wollte, wie schnell Pech fließt. Er habe es heiß in einen Zylinder gefüllt, drei Jahre habe er es aushärten lassen, dann den Zylinder umgedreht. Erst acht Jahre später sei der erste Tropfen gefallen, wieder neun Jahre später der zweite, und dann sei der Gelehrte gestorben. Aber den Trichter gäbe es immer noch, das Experiment laufe weiter.

Die Augen der Forellen werden weiß in der Hitze des Feuers, die Fische sind voller Gräten und schmecken scheußlich, aber wir tun so, als seien sie eine Köstlichkeit. Wir beschließen nach Australien zu fahren, um den nächsten Tropfen fallen zu sehen. Wir besuchen die Aborigines, sagt mein Vater, sie kennen nur die Gegenwart, keine Vergangenheit und keine Zukunft, ihre Sprache besitzt keine Worte

dafür. Wir müssen sie fragen, wie sie über die Fließ-
geschwindigkeit von Pech denken, sie werden uns
das Geheimnis erklären. Wir sehen in das Feuer und
denken an das langsamste Experiment der Welt.

Damals gab es keine Zeit, so wie es in der Erinnerung keine Zeit gibt. Es war nur der Sommer, in
dem wir unten am Fluss waren, Forellen fingen, und
ich dachte, dass sich nie etwas ändern würde.

Heute bin ich älter, als mein Vater wurde – er
starb früh und wir fuhren nie nach Australien.

Seitdem ist ein halbes Jahrhundert vergangen, und
es veränderte sich alles. Die großen Haushalte wurden aufgelöst, mit ihnen verschwanden die Haus-
mädchen und die Köchinnen, die Gärtner, die Fahrer
und der Förster mit seinen Hunden, die ich gern-
hatte. Der dunkelgrüne Park, in dem ich aufwuchs,
ist längst verkauft. Die Teiche mit den Seerosen und
der gebogenen Brücke aus Holz, der Tennisplatz
mit dem roten Sand, der an den weißen Hosen und
Schuhen klebte, das Schwimmbad, auf dessen hell-
blauem Wasser die Blätter trieben, die Orangerie,
die verwitterte Gärtnerei, die Pferdeställe – das alles
gibt es nicht mehr. Harold hatte recht: Die langsamen Tage meiner Kindheit, der Rauch der Zigaretten
meines Vaters, das Bernsteinlicht der weichen Som-
merabende – diese Welt ist nur noch in mir.

Am nächsten Morgen überreichte mir der Concierge des Hotels einen dicken Umschlag. Harold
schrieb, er könne nicht zum Frühstück herunter-

kommen, er habe zu viel getrunken und wünsche eine gute Rückreise. In dem Umschlag lag ein Buch, ich weiß nicht, wo er es aufgetrieben hatte, eine alte Ausgabe von Eichendorffs Gedichten. Viel später, auf dem Nachtflug zurück nach Europa, dachte ich an die *nächtlichen Reisenden* und blätterte in dem Buch. Harold hatte eine der scheußlichen Postkarten des *Hauses* zwischen die Seiten gelegt. Zwei Zeilen eines Gedichtes hatte er angestrichen, und an sie muss ich immer denken, wenn jemand von Heimat spricht:

Wir sehnen uns nach Hause
Und wissen nicht, wohin?

Fünfzehn

Die neuen Telefontarife der Telekom werden »Magenta« genannt. Sie seien preiswerter als bisher, sagt die Frau am Telefon, ein »echter Kampfpreis«.

Magenta ist eine Kleinstadt in der Lombardei, ein paar Kilometer von der Stadtgrenze Mailands entfernt. 1859 kämpften hier Sardinien-Piemont und Napoleon III gegen den österreichischen Kaiser. Es ging um die Vorherrschaft in Oberitalien. Am 4. Juni 1859 wurden dort so viele Soldaten abgeschlachtet, dass sich der Erdboden rot färbte. Der Name der Farbe »Magenta« soll daher stammen.

Sechzehn

Mark Twain soll gesagt haben, dass er auf den Himmel verzichte, wenn er dort nicht rauchen dürfe. Er hatte recht. Die Sache wurde doch erst interessant, als Adam und Eva die Frucht von dem Baum der Erkenntnis aßen und aus dem Paradies vertrieben wurden. Endlich hörte diese unendliche Langeweile auf, diese Leere im Kopf und dieses andauernde Frohlocken. Die beiden wurden zu Menschen, erst jetzt konnten sie die Welt und sich selbst erkennen. Das bezahlten sie mit ihrer Sterblichkeit – so liefen eben die Geschäfte mit dem alttestamentarischen Gott, entweder ganz oder gar nicht. Helmut Schmidt schien mir deshalb der ideale Raucher zu sein. Jede Zigarette – und bei ihm dürften es weit über eine Million gewesen sein – ist im Grunde ja ein »memento mori«, eine Erinnerung an unseren Tod, die eben auch immer eine Erinnerung an unser

Leben ist. Das passte zu ihm. Er hatte vier Bypässe und einen Herzschrittmacher. Aber wie bei einem echten Spieler, der verlieren muss, um das Spiel zu ertragen, hätte ihm das Rauchen vermutlich keine Freude gemacht, wenn es nicht so furchtbar ungesund wäre. Deshalb ist auch die Entwicklung einer gesunden Zigarette oder der Gebrauch von Nikotinpflastern und -kaugummis (außer auf langen Flügen vielleicht) ganz falsch. Und damit aufhören? Ernsthaft? Ich hatte lange Angst, dass die Ärzte Schmidt doch noch davon überzeugen würden, es aufzugeben. Ein anderer großer Raucher – Zeno Cosini, der Romanheld von Italo Svevo – versuchte es auf 640 Seiten. Als es ihm wieder einmal gelang, sagte er: »Ich war also völlig geheilt, aber unheilbar lächerlich!«

Lächerlich war Helmut Schmidt ja nie, und das obwohl er »Reyno White« rauchte, eine ganz weiße Zigarette, 100 Millimeter lang, nur ein dünnes grünes Band vor dem Filter. Eigentlich ist sie ein bisschen feminin, und sie schmeckt, offen gesagt, auch ziemlich scheußlich, das Menthol verdirbt den Tabak. Aber er rauchte sie mit großer Eleganz, oft zelebrierte er den Vorgang regelrecht. Er konnte mit konzentriertem Anzünden und herrlich arrogantem Ausatmen des Rauches über die Köpfe der andern hinweg jedes Gespräch für ein paar Sekunden unterbrechen. Es war eine Inszenierung, in der alles zusammenpasste: seine Gelassenheit, seine Überheblichkeit, seine Analysen und Weissagungen, die nun wirklich nicht immer stimmten, und sein Cäsarenkopf.

Schmidt rauchte ständig. Und wenn er es nicht tat, nahm er Schnupftabak zu sich. Oft wird gesagt, die beste Zigarette sei die nach dem Sex. Das stimmt natürlich nicht, diese Zigarette ist genauso wichtig wie alle anderen. Zigaretten sind die Verbündeten des Rauchers, sie begleiten ihn in seinen Triumphen, sie sind in seinen Niederlagen bei ihm, und sie enttäuschen ihn nie. Ich stelle mir vor, wie Schmidt die erste Zigarette rauchte, nachdem feststand, dass er Kanzler wurde. Oder als er über den Tod von Hanns-Martin Schleyer entscheiden musste. Er hat bestimmt auch in diesem Moment geraucht, und es hat ihm gegen die grausame Einsamkeit seiner Entscheidung geholfen.

Schmidt benutzte Wegwerffeuerzeuge und nahm die Zigaretten direkt aus der Packung. Das hat mich immer gewundert. Ich habe ein silbernes Zigarettenetui, das meinem Vater gehörte, und ein Feuerzeug aus Schildpatt. Solche Accessoires sind wichtig, das helle Klicken des Feuerzeuges, die Schwere des Silbers, das Aufspringen des Etuis, das alles ist auch ein Schutz gegen die Hässlichkeit und Brutalität der Welt. Aber vielleicht muss ein Politiker solche Zugeständnisse machen – so wie die alberne Prinz-Heinrich-Schirmmütze, die überhaupt nicht zu Schmidts perfekten Anzügen passte.

Jetzt ist Helmut Schmidt tot, und das Rauchen ist überall verboten. Man kann sich nicht vorstellen, dass Angela Merkel jemals in einer Talkshow rauchen oder sich die Nase mit Schnupftabak zuschmieren würde. Die Leute sagen, das Rauchen passe nicht mehr in unsere Zeit, es verursache Krebs, Herzerkrankungen, lasse die Haut altern und belästige die Umgebung. Das stimmt alles, denke ich und zünde eine Zigarette an. Und dann, während ich rauche, denke ich an Jean-Luc Godards Film »Außer Atem«. Ich weiß noch, wie ich ihn das erste Mal sah, in Rom, in einem winzigen Kellerkino zu seinem fünfundzwanzigjährigen Jubiläum. Jean-Paul Belmondo raucht schon in der ersten Einstellung und macht damit den ganzen Film über weiter. In der letzten Szene, als er angeschossen die Straße herunterläuft, raucht er immer noch, als er zusammenbricht nimmt er einen allerletzten Zug, dann fällt die Zigarette aus seinem Mund und rollt über das Kopfsteinpflaster. Er sagt lautlos zu seiner hinreißenden Geliebten Jean Seberg, sie sei zum Kotzen, lächelt sie an und stirbt.

Ja, natürlich, wir müssen mit dem Rauchen aufhören und vernünftig leben, wir sollten auch keinen Zucker mehr zu uns nehmen und kein Fleisch mehr essen, unbedingt. Das war das Großartige an Helmut Schmidt: Das alles hat ihn einfach nicht interessiert.

Siebzehn

US-Präsident Donald Trump hat sich gegen das Spiel »Pokémon Go« nicht durchsetzen können: Das Smartphone-Spiel war 2016 weltweit der meistgesuchte Begriff bei Google. Dahinter folgte Apples iPhone 7. Trump musste sich mit dem dritten Platz begnügen. Das ist gegen seine Gewohnheit. Als er in London die Queen besuchte und mit ihr die Ehrenwache abschritt, ging er einen Schritt vor der alten Dame.

Prinz Philip, der 97-jährige Ehemann der Queen, muss laut Hofprotokoll bei offiziellen Anlässen immer hinter ihr bleiben.

Achtzehn

Wir treffen uns am Potsdamer Platz in der Mitte Berlins. Das Dach des Sony Centers ist dem Fujiyama nachgebildet, dem heiligen Berg Japans, die Götter wohnen dort und sollen uns schützen. Wir trinken einen Kaffee, hunderte Menschen sind auf dem Platz, man kann Handys kaufen, Schmuck, Zeitungen und Souvenirs. Oder sich die Augen lasern lassen.

Von hier sind es keine 1400 Kilometer bis nach Kiew, der Flug dauert nur zwei Stunden, dort ist eine ganz andere Welt. Die Anwältin ist Mitte 30, eine schmale Frau, sie trägt ein dünnes Kleid und wirkt verletzlich. Aber sie hat sich mit allen angelegt, mit den sogenannten Volksrepubliken von Donezk und Luhansk, mit paramilitärischen Einheiten, mit der russischen Föderation und mit Putin selbst. Sie erzählt von den Folterungen in ihrem Land, es gebe über 75 Keller in den Provinzen, in denen Männer und Frauen gequält und getötet würden, oder verschleppt und wie Tiere eingesperrt. Die Vergewaltigungen, die Folterungen, die Morde, das alles werde systematisch ausgeführt, um den Widerstand zu brechen. Die Ostukraine solle zu einer russischen Provinz werden. »Grundrechte«, sagt die Anwältin, »existieren bei uns nicht. Noch nicht einmal einfaches Recht gilt mehr.« Sie sagt, ihre Organisation könne nicht mehr tun, als die Verbrechen zu dokumentieren. Sie habe gesehen, wie das Blut von den Wänden im Keller gewaschen werde, wie Listen von Getöteten vernichtet und Todesurteile verbrannt würden. Auch Folterknechte wüssten, dass Verbrechen gegen die Menschlichkeit nicht verjähren. Irgendwann seien Beweise notwendig, um die Vergangenheit zu verstehen.

Ein Kind auf einem Roller stößt gegen den Nachbartisch, einem Mann fällt ein dreistöckiger Eisbecher auf den Schoß, er flucht. Wir müssen lachen, und einen Moment lang sieht die Anwältin aus, als hätte sie ein ganz normales Leben. »Warum kann es nicht immer so sein?«, sagt sie.

Wir sprechen über die Vergangenheit unserer Familien. Ihre jüdischen Großeltern wurden von den Nazis aus Wien deportiert und später ermordet. Ihre Mutter konnte fliehen, sie kam bei weit entfernten Verwandten unter, Bauern in der Ukraine. Die Anwältin ist in Kiew aufgewachsen. Ihr Antrieb, sagt sie, sei das Schicksal ihrer Familie, deshalb halte sie durch.

Mein Großvater Baldur von Schirach war damals Reichsgauleiter in Wien. »Jeder Jude, der in Europa wirkt, ist eine Gefahr für die europäische Kultur«, sagte er 1942 in einer Rede. Er war für die Deportation der Juden aus Wien verantwortlich, auch für das Schicksal der Familie der Anwältin. Das sei »ein aktiver Beitrag zur europäischen Kultur« gewesen, sagte er. Vielleicht bin auch ich aus Wut und Scham über seine Sätze und seine Taten der geworden, der ich bin.

Ich frage sie, woher diese Verbrechen kämen, warum es sie gebe. Sie sieht über den Tisch ins Leere und schweigt. »Hass ist der Anfang«, sagt sie nach einer Weile. »Auch wenn der Holocaust und die Morde in meinem Land nicht vergleichbar sind: Es ist immer der Hass, der aus der Dummheit kommt.«

Ihr Handy klingelt, sie steht auf. Sie müsse los, sagt sie, ihre Augen sind müde. Wir verabschieden uns.

Ich setze mich wieder und bestelle noch einen Kaffee. Es ist mild, ein langer Nachmittag im Berliner Spätsommer. Techniker hängen jetzt riesige Videoschirme im Sony Center auf, morgen soll hier ein internationaler Blockbuster vorgestellt werden, Hollywoodstars werden erwartet.

Ein paar Meter von hier entfernt stand der Volksgerichtshof, Roland Freisler war seit 1942 sein Präsident. Er war für mehr als 2500 Todesurteile verantwortlich, seine Prozesse waren staatlich legitimiertes Morden. Viele seiner Verhandlungen wurden aufgezeichnet. Ein Film zeigt Generalfeldmarschall von Witzleben. Er war in der Haft abgemagert, man hatte ihm Hosenträger und Gürtel abgenommen, er musste seine Hose halten, damit sie nicht herunterrutscht. Freisler brüllte ihn an: »Was fassen Sie sich immer wieder an die Hose, Sie schmutziger alter Mann.«

Am 3. Februar 1945 lag Schnee in Berlin, die Luft war hell und klar. Die Alliierten flogen an diesem Tag einen Luftangriff. Freisler rannte zum Bunker. Im Hof des Gerichts wurde er von einem Bombensplitter getroffen, er war sofort tot. In seiner Aktentasche lagen die Papiere eines Prozesses gegen Fabian von Schlabrendorff, einem jungen Offizier und Hitlerattentäter. Freisler hätte ihn sicher zum Tode verurteilt, wie all die anderen zuvor.

Nach dem Krieg wurde Fabian von Schlabrendorff Richter am Bundesverfassungsgericht. Er war an vielen grundlegenden Entscheidungen beteiligt. Damals entwickelte das Bundesverfassungsgericht den Begriff der Würde des Menschen für das Recht. Die Würde steht nicht zufällig am Anfang unserer Verfassung, ihre Unantastbarkeit ist ihre wichtigste Aussage. Dieser erste Artikel besitzt eine »Ewigkeitsgarantie«, er kann nicht geändert werden, so lange das Grundgesetz gilt. Die Würde des Menschen ist die strahlende Idee der Aufklärung, sie kann den Hass und die Dummheit lösen, sie ist lebensfreundlich, weil sie von unserer Endlichkeit weiß, und erst durch sie werden wir in einem tiefen und wahren Sinn zu Menschen. Die Würde ist aber kein Teil des Menschen wie ein Arm oder ein Bein. Sie ist nur eine Idee, sie ist zerbrechlich, und wir müssen sie schützen.

Die Anwältin aus Kiew hatte Recht. Nach Angaben der Recherche- und Informationsstelle Antisemitismus Berlin wurden im Jahr 2017 in der deutschen Hauptstadt 947 antisemitische Vorfälle erfasst, 60 Prozent mehr als im Vorjahr. Hass ist die furchtbarste, die einfältigste und die gefährlichste Haltung zur Welt. Es wird schlimmer, und längst schon sind diese Straftaten keine Randerscheinungen mehr. Aber was sollen wir tun?

Erich Kästner schrieb: »*Die Vergangenheit muss reden, und wir müssen zuhören. Vorher werden wir und sie keine Ruhe finden.*« Es stimmt. Wir müssen verstehen, wie wir wurden, wer wir sind. Und was wir wieder verlieren können. Als sich unser Bewusstsein entwickelte, sprach ja nichts dafür, dass wir einmal nach anderen Prinzipien handeln würden als unsere Vorfahren, die Affenmenschen. Wäre es nach den Regeln der Natur gegangen, hätten wir unsere erweiterten Fähigkeiten auch nur dazu benutzt, die Schwächeren zu töten. Aber wir taten etwas anderes. Wir gaben uns selbst Gesetze, wir erschufen eine Ethik, die nicht den Stärkeren bevorzugt, sondern den Schwächeren schützt. Das ist es, was uns im höchsten Sinn menschlich macht: die Achtung vor unserem Nebenmenschen. Vor 3000 Jahren hat der Perserkönig Kyros die Sklaven befreit, er erklärte zum ersten Mal, alle Menschen dürften ihre Religion frei wählen, sie seien trotz unterschiedlicher Herkunft gleich zu behandeln. Kyros' Gesetze stehen in den ersten vier Artikeln der Allgemeinen Erklärung der Menschenrechte. Wenn wir heute Minderheiten nicht schützen – ganz gleich, ob es Juden, Migranten, Asylbewerber, Homosexuelle oder andere sind –, fallen wir wieder zurück ins Dumpfe und Dunkle. Die englische *Magna Carta*, die amerikanische *Bill of Rights*, die französische *Déclaration des Droits de l'Homme et du Citoyen* und die heutigen Verfassungen der freien Welt – das sind unsere Siege über die Natur, Siege über uns selbst. Auch wenn wir die größte Abneigung haben, uns mit den heutigen Rohheiten zu befassen, es bleibt uns nichts anderes übrig. Nur wir selbst können uns der Barbarei, dem Speien und Wüten, entgegenstellen.

Ich habe die Anwältin einmal gefragt, warum sie das alles auf sich nimmt. »Wer soll es sonst tun?«, sagte sie.

Neunzehn

1962 lässt sich eine 40-jährige Ehefrau sterilisieren. Der Arzt wird dafür verurteilt. Das OLG Celle erklärt, die Sterilisation sei eine Körperverletzung, weil die Frau nur ihrer »ungehemmten Genusssucht« nachgehen wollte.

2017 verklagte eine Frau eine Klinik auf Schmerzensgeld. Ihr Mann sei mehrfach an der Wirbelsäule operiert worden, jetzt sei er impotent und ihr »zuvor ausgefülltes Sexualleben« sei »beeinträchtigt«. Das Oberlandesgericht Hamm wies die Klage ab.

Zwanzig

Irgendwann hat man keine Vorbilder mehr. Man weiß zu viel. Zu viel über sich selbst und zu viel über die anderen. Michael Haneke ist für mich die eine Ausnahme. Kunst ist kein demokratischer Prozess, kein sozialer Vorgang, sie ist das Gegenteil. Sie muss kompromisslos sein, und ich kenne keinen anderen Künstler, der weniger Kompromisse macht. Die Präzision seiner Arbeiten, das Unsentimentale, das Fehlen aller Klischees – das alles hat mich oft aufgerichtet, wenn ich aufgeben wollte.

Ayumi kam aus Kyoto, um hier an der Hochschule der Künste Musik zu studieren. Drei Jahre saß sie beinahe jeden Tag in einem winzigen Übungsraum am Klavier. Im Sommer ließ sie das Fenster offen, weil es zu stickig war. Meine Kanzlei lag in der Nähe der Hochschule, und manchmal, wenn ich un-

ter ihrem Fenster vorbei ging, blieb ich stehen und
hörte ihr eine Zigarette lang zu.

Ab und zu trafen wir uns in einem Café, sie
mochte den Birnenkuchen. Wir sprachen über ihre
Übungen, ihre Lehrer und über Haikus, die japani-
schen Kurzgedichte. Sie sagte, sie seien so unmittelbar wie Musik, jeder Mensch würde sie sofort
verstehen. Sie mochte besonders ein Haiku, das der
Mönch Ryokan kurz bevor er starb einer Nonne
diktiert hatte. Ayumi schrieb es auf Deutsch und Ja-
panisch auf eine Papierserviette und las es mir in
beiden Sprachen vor:

»Mal zeigt es die Rückseite,
mal die Vorderseite,
ein Ahornblatt im Fallen.«

Als ich sie das vierte oder fünfte Mal traf, geschah
etwas Seltsames: Mitten in einem Satz hörte sie
plötzlich auf zu sprechen, sie sah aus dem Fenster
und bewegte sich nicht. Erst nach ein paar Sekunden redete sie weiter, so, als ob nichts gewesen sei.
Nach einigen Wochen wurden die Pausen länger,
und schließlich fragte ich sie, was das sei.

»Weißt du«, sagte sie, »ich falle aus der Zeit.«
Zuerst verschwinde die Sprache, dann das Café,
die Bäume, die Bürgersteige und am Ende sie selbst.
In diesen Momenten werde es still, die täglichen
Verletzungen lösten sich auf, das Dunkle und das

Schwere. Und das sei immerhin ein Anfang. Dabei lächelte sie. Ich glaubte, sie zu verstehen. Ich täuschte mich.

Während des Abschlusskonzertes ihrer Klasse verlor sie das Bewusstsein, sie glitt zu Boden, ihr Kopf schlug auf das Klavier. Ein Rettungswagen brachte sie ins Krankenhaus, sie wurde geröntgt, die Ärzte entdeckten einen Hirntumor, groß wie ein Tischtennisball.

Ihre Eltern reisten aus Japan an. Ihr Vater war ein kleiner Mann mit einer schweren Hornbrille, ihre Mutter trug ein schwarzes Kleid. Sie verbeugten sich vor den Ärzten und waren sehr still. Als ich Ayumi zum letzten Mal sah, konnte sie nicht mehr sprechen, ihre Lippen waren so weiß wie ihre Haut, es sah aus, als habe sie keinen Mund mehr. Ein paar Tage später starb sie.

Ihre Eltern wollten sie zu Hause beerdigen. Ich half ihnen mit den Papieren, das war alles, was ich tun konnte. Wir sahen zu, wie die Kiste in den Laderaum des Flugzeugs geschoben wurde. Es war eine normale Kiste, in der Surfbretter oder Stehlampen oder Aluminiumprofile transportiert werden. Aber in der Kiste war ein Holzsarg, und in dem Holzsarg war eine Zinkwanne, die zugelötet worden war, und darin lagen Holzspäne und Torf und Ayumi in einem weißen Kleid.

Das Flugzeug hob ab wie jedes andere Flugzeug an diesem Tag. Ich blieb in der Lounge sitzen und wartete darauf, dass etwas passierte. Die Menschen sahen auf ihre Handys, sie bestellten Essen und Getränke und diskutierten die Fußballergebnisse. Das war alles. Ich fuhr mit dem Taxi nach Hause.

An diesem Abend habe ich Hanekes Film »Caché« das erste Mal gesehen. Ich war damals schon über zehn Jahre Strafverteidiger, aber erst dort im Kino habe ich zum ersten Mal ganz verstanden, was Schuld eigentlich ist. Die Psychologen und Psychiater sagen, es gebe keine Schuld, sie denken, solche Sätze würden helfen, und vielleicht tun sie das auch. Aber es stimmt nicht. Wir werden schuldig, an jedem einzelnen Tag. In Hanekes »Happy End« töten die Menschen, sie verletzen, betrügen und schweigen. Sie können nicht anders. Sie stehen nebeneinander, sie berühren sich nicht, sie nehmen sich nicht wahr oder sind sich lästig und peinlich. Jeder ist einsam, und alle bleiben sich fremd. Wenn sie glauben, sich zu lieben, schreiben sie über Sex und Zerstörung im blauen Licht eines Computerbildschirms. Einmal sagt die dreizehnjährige Eve zu ihrem Vater: »Ich weiß, dass du niemanden liebst. Du hast Mama nicht geliebt, du liebst Anaïs nicht, du liebst diese Claire nicht, und du liebst mich nicht. Das ist nicht weiter schlimm.«
Jeder Haneke-Film hat mich verunsichert. Um »Funny Games« zu Ende zu sehen, brauchte ich vier Anläufe. Nie wieder habe ich einen so wah-

ren Film über Gewalt gesehen. Das Morden dort ist keine amüsante Popveranstaltung wie bei Tarantino. »Das weiße Band« war der einzige Film, bei dem ich vollkommene Stille in einem ausverkauften Kino erlebt habe. Niemand aß Popcorn, niemand hustete, niemand sagte ein Wort. »Liebe« erinnerte mich an »Letzte Einkehr« von Imre Kertész. »Und dann am Ende, nach drei Jahren sinnlosen, widerwärtigen Leidens, hab ich sie erstickt«, sagt Georges über den Tod seiner Frau in »Happy End«. Ich dachte damals an Sokrates: In seinem letzten Moment bat er die Freunde, dem Gott der Gesundheit einen Hahn zu opfern – der Tod ist die Heilung vom Leben.

Für mich jedenfalls sind Hanekes Filme wie Haikus. Sie sagen genau das, was sie sagen wollen, nichts anderes. Es gibt Geheimnisse und Anspielungen, die Geschichten lösen sich nie ganz auf, aber es gibt keine Metaphern, so wie es im Leben keine Metaphern gibt. Das Bild eines Haikus ist sofort da, es ist einfach, und es ist vollkommen. In der Schule lernen wir das Gegenteil. Literatur, Theater und bildende Kunst seien dann bedeutend, wenn nur wenige sie noch verstehen. Martin Heidegger schrieb: »Das Sichverständlichmachen ist der Selbstmord der Philosophie.« Das Komplizierte, so wird uns gesagt, sei das Wertvolle. Aber das ist Unsinn. In Wirklichkeit ist das Einfachste das Schwierigste. Hanekes Filme sind gültig, weil sie uns selbst in Frage stellen. Sie zeigen, dass es keine Antworten gibt. Das ist vielleicht unsere einzige Wahrheit, ich habe lange gebraucht, das zu verstehen.

Als ich jung war, schien mir eine der wichtigsten Fragen zu sein: Was ist das »Böse«? Ich war damals gerade als Rechtsanwalt zugelassen worden, und mein erstes großes Mandat war eine junge Frau, die ihr Baby getötet hatte. Ich besuchte sie im Gefängnis. Mein Kopf war voll von den Lehren der großen Philosophen, ich hatte Platon, Aristoteles, Kant, Nietzsche, Rawls und Popper gelesen. Aber jetzt war plötzlich alles anders. Die Wände der Gefängniszelle waren mit grüner Ölfarbe gestrichen, sie sollte beruhigen. An einem winzigen Tisch saß die junge Frau. Sie weinte. Sie weinte, weil ihr Kind tot, sie eingesperrt und ihr Freund nicht mehr da war. Und genau in diesem Moment verstand ich, dass ich immer die falschen Fragen gestellt hatte. Es geht ja nie um Theorien und Systeme. Das Leben dauert nur einen kurzen Moment, in wenigen Jahren werden wir alle tot sein. Wir sind endlich, zerbrechlich und verletzbar, und auch wenn wir es manchmal glauben, sind wir nie in der Lage, unser Leben ganz zu begreifen. Goethe schrieb vor mehr als 200 Jahren: »*Der Mensch ist zu einer beschränkten Lage geboren; einfache, nahe, bestimmte Zwecke vermag er einzusehen (…); sobald er aber ins Weite kommt, weiß er weder, was er will, noch was er soll.*« Das Gültige an diesem Satz liegt in seiner Bescheidenheit. Für mich jedenfalls sind Begriffe wie »das Böse«, »das Gute«, »die Moral«, »die Wahrheit« heute zu groß und zu weit geworden. Ich habe zwanzig Jahre lang Mörder und Totschläger verteidigt, habe Zimmer gesehen, in denen das Blut stand, abgeschnittene Köpfe, herausgerissene Geschlechtsteile und zerschnittene Körper. Ich habe Menschen am Abgrund gesprochen, die nackt waren, zerstört, verwirrt und entsetzt über sich selbst. Und nach all diesen Jahren habe ich begriffen, dass die Frage, ob der Mensch gut oder böse ist, eine ganz und gar sinnlose Frage ist. Der Mensch kann ja alles sein, er kann Figaros Hochzeit komponieren, die Sixtinische Kapelle erschaffen und das Penicillin erfinden. Oder er kann Kriege führen, vergewaltigen und morden. Es ist immer der gleiche Mensch, dieser strahlende, verzweifelte, geschundene Mensch.

»Das ohnmächtige, vollkommene Ausgeliefertsein an ein durchaus Fremdes, Bedrohliches: das Leben, die Natur; an ein dem Menschen, der Existenz feindliches Sein, an die Verfinsterung, das Schweigen, den Wahnsinn« – das schrieb Michael Haneke als junger Rezensent über Thomas Bernhards »Auslöschung«. Es scheint mir heute das Programm seiner Filme. Natürlich wollen wir eine Erklärung für das alles hier, das ist in uns angelegt, wir können nicht anders. Gerade beginnen wir zu verstehen, wie das Leben biologisch entstanden ist, wir stehen kurz davor, den Ursprung des Universums zu begreifen. Aber die eigentliche Frage, das *Warum*, werden wir nicht beantworten. Wir können uns ja nicht über unsere Sprache erheben, unser Leben begreifen wir immer nur mit *unserem* Verstand, wir können es immer nur mit *unseren* Begriffen beschreiben, etwas anderes haben wir nicht. Aber der Natur, dem Leben, dem All bedeuten diese Begriffe nichts. Die Gravitationswellen sind weder gut noch böse, die Photosynthese hat kein Gewissen, und wir können auch nicht für oder gegen die Schwerkraft sein. Das alles ist einfach nur da. Am Ende ist es wie in dem berühmten Satz aus Blaise Pascals Pensées, den Thomas Bernhard seinem Roman »Verstörung« vorangestellt hat: »Das ewige Schweigen dieser Räume macht mich schaudern.«

Aber was bedeutet das? Hat das Leben tatsächlich keinen Richter über sich? Und wenn doch? Ist es nicht möglich, dass wir uns irren? Wir wissen es nicht. Wir müssen uns also damit abfinden, dass es genauso töricht ist, zu sagen, das Leben habe einen Sinn, wie das Gegenteil. Haneke stellt uns genau diese Fragen. Aber das ist kein kalter Nihilismus, kein zynisches Weltbild, keine Abkehr und kein Aufgeben. Es ist das Gegenteil. Verunsichert verlassen wir das Kino, wir begreifen, dass wir über uns nachdenken müssen. »Das ist die ganze Geschichte, die ich dir erzählen wollte«, sagt Georges zu Eve in »Happy End«.

Einundzwanzig

Ich bin in Jena zu einer Lesung eingeladen. Am Nachmittag schickt mir meine Agentur eine Nachricht: Der Verlag, in dem meine Bücher in der Türkei erscheinen, sei durch das »Notstandsdekret« des Präsidenten geschlossen worden. Nur mein Theaterstück werde noch in Istanbul und in Ankara gespielt.

Über 130 000 Beschäftigte des öffentlichen Dienstes sind entlassen, darunter 4000 Richter und Staatsanwälte. Mehr als 77 000 Menschen wurden inhaftiert. Der Staat schloss 193 Medien und Verlage, 160 Journalisten befinden sich in Haft. Die Organisation »Reporter ohne Grenzen« spricht von einer »Repression in ungekanntem Ausmaß«.

Ismail Kahraman, der türkische Parlamentspräsident, erklärte: »Denjenigen, die unsere Werte angreifen, brechen wir die Hände, schneiden ihnen die Zunge ab und vernichten ihr Leben.«

Ich gehe in der alten Stadt spazieren, es ist noch etwas Zeit. Vor dem Hauptgebäude der Universität steht Danneckers bronzene Schillerbüste auf einem Sockel. 1789 hielt Friedrich Schiller dort seine An-trittsrede: »Unser sind alle Schätze, welche Fleiß und Genie, Vernunft und Erfahrung im langen Alter der Welt endlich heimgebracht haben.«

Zweiundzwanzig

Jordanien. Vier Tage verhandeln wir in einem heruntergekühlten Hochhaus aus Stahl und Glas in Amman. Abends sehe ich von der Dachterrasse des Hotels über die uralte Stadt, das leuchtende Rosa des weiten Himmels. Die Griechen nannten den Ort vor 3000 Jahren »Philadelphia«, Bruderliebe. Ein paar Kilometer weiter töten sich die Menschen. Der Manager des Hotels sagt, schon vier Millionen Syrer seien in sein Land geflohen.

Nachdem alles unterschrieben ist, habe ich noch einen Tag Zeit bis zum Abflug. Ich will den Ort sehen, an dem der Film »Lawrence von Arabien« gedreht wurde, miete einen Landrover und fahre ins *Wadi Rum*. Zwischen zwei Granitfelsen steige ich aus. Ich ziehe mein Jackett aus und setze mich in den Schatten, es ist fast 30 Grad heiß. Alles ist hier weit, langsam und lautlos. Ich lasse die Kamera im Wagen. Die Wüste lässt sich nicht fotografieren, so wie sich das Meer nicht fotografieren lässt oder der Himmel oder die Nacht. Hier gibt es kein Ziel, keine Vergangenheit, keine Erzählung. Die Wüste ist nicht für Menschen gemacht, und die Menschen sind nicht für sie gemacht.

Am 4. Januar 1960 will Albert Camus mit der Bahn nach Paris fahren. Michel Gallimard, der ihn mit seiner Frau in Lourmarin besucht hat, bietet an, ihn mitzunehmen. Er fährt einen neuen Facel Vega, ein viersitziges, dunkelgrünes Coupé. Obwohl Camus bereits eine Bahnfahrkarte gekauft hat, nimmt er die Einladung an, seine Kinder fahren mit dem Zug.

Die Straße ist schmal und besteht fast nur aus Kurven. Der amerikanische Motor ist zu stark für das elegante französische Chassis, die Lenkung ist unpräzise und hat zu viel Spiel. Bei Villeblevin, etwa um 14 Uhr, platzt ein Reifen. Der Wagen zerschellt an einer Platane und bricht in zwei Teile, Camus ist sofort tot. Gallimard stirbt fünf Tage später im Krankenhaus, seine Frau, seine Tochter und der Hund der Familie überleben.

Camus' Aktentasche wird später von den Polizisten neben dem Wagen gefunden, darin liegen sein Pass, sein Tagebuch, ein Stück von Shakespeare, Nietzsches »Fröhliche Wissenschaft« und vor allem das Manuskript seines neuen Romans. Es trägt den Titel »Der erste Mensch«.

Dieser letzte Roman beschreibt den Anfang seines Lebens, die Kindheit in der Hitze Algeriens, die wortkargen Bewohner seiner Welt, die Armut. In einer Anmerkung schreibt Camus, er wolle das Buch als Brief an seine Mutter schreiben, erst in der letzten Zeile erfahre der Leser, dass sie nicht lesen könne.

Vielleicht hat Camus nie besser geschrieben, seine Bilder sind hart und karg, abgezirkelte Schatten. Sie sind wie der Sand in diesem Wüstental, der in die Haut schneidet.

Dreiundzwanzig

Um sechs Uhr morgens sitzt er auf dem Bett. Er raucht eine Zigarette, obwohl es hier verboten ist. Das Hotelzimmer ist wie die anderen, in denen er geschlafen hat: zwei Schokoladenriegel in der braunen Minibar, eingeschweißte Erdnüsse, ein gelber Flaschenöffner aus Plastik mit Werbeaufdruck, ein Stuhl aus hellbraunem Kunstleder. Das Hotel hat seine Firma gebucht, »Bestpreisgarantie« steht auf dem Ausdruck, eine Chipkarte dient als Schlüssel und funktioniert meistens nicht. Es gibt »kostenfreies WLAN«, eine »großzügige Sitzecke« und neben der Rezeption ist eine »moderne Sportsbar« mit »Live-Übertragung«. Der Geruch nach Desinfektionsmittel und Hotelseife im Zimmer, das florale Muster der Teppiche, die jedes Geräusch schlucken sollen.

Seit 15 Jahren ist er verheiratet. Er hält sie nicht

mehr aus. Wie sie isst, ihren Atem, ihre Bewegungen im Schlaf, die Farbe ihrer lackierten Fingernägel. Er hat ihr nie etwas gesagt, es ist nicht seine Art, sich zu beschweren, aber seit zwei Jahren kann er nicht mehr. Er muss es jetzt tun, er wird ihr die Sache erklären. Es ist ja mein einziges Leben, denkt er, es gibt keine Wiederholung und keine Generalprobe. Und dann verheddert er sich in seinen Gedanken, weil er sie nicht verletzen will und weil er einsam ist und sich albern und selbstsüchtig vorkommt. Sein Vater – an ihn denkt er in diesen Tagen oft – war sein Leben lang Friseur. Als er alt wurde und keine Haare mehr schneiden konnte, wusch er noch die Handtücher und fegte die Haare auf dem Boden zusammen. Dieser Mann, der über 50 Jahre mit der gleichen Frau verheiratet war, hatte nie gezweifelt. »So eine Ehe zieht sich«, hatte er gesagt, »aber was soll man machen?«

Auf dem Tisch liegt ein Hochglanzmagazin, eine Frau auf dem Cover, ein widerstandsloses Gesicht. Die anderen Dinge gibt es nicht mehr, denkt er, die stockfleckigen Aktentaschen, die Uhren mit den ausgebleichten Zifferblättern, selbst die Füller und das beschriebene Papier sind verschwunden. Sein Handy ist »randlos«, es ist wie die Gebrauchskunst an den Wänden des Zimmers, wie die Fahrstuhlmusik und wie der Fernseher, der ihn mit seinem Namen begrüßt. Das Obst auf dem Tisch ist poliert. Daneben liegt die Werbebroschüre einer Zigarettenfirma, sie hat ein Gerät entwickelt, das den Tabak nur noch erhitzt und nicht mehr verbrennt.

Er erinnert sich plötzlich an die fremde Frau, die vor ein paar Monaten im Flugzeug neben ihm saß. Bei der Landung hatte sie gefragt, ob sie seine Hand halten dürfe. Noch lange danach blieben sie so auf ihren Plätzen sitzen. Er hat sie nie wieder gesehen.

Er denkt an die unzähligen Männer, die vor ihm in diesem Zimmer geschlafen hatten. Er stellt sich ihr Leben vor: Hochzeit in einem solchen Hotel mit einer Eingangshalle aus Marmorimitat, Glas und Messing. Dann Kinder, ein neues Auto, Kredite für den Haus- oder Wohnungskauf, die Hoffnung auf den nächsten Auftrag und den Jahresbonus. Sie träumten hier von der blonden Rezeptionistin und trugen blaue Anzüge, deren Hosen sie auf dem ausklappbaren Bügelbrett in diesem Zimmer bügelten. Und dann, eines Tages, saßen sie wie er auf dem Hotelbett. So endet es immer. Die Welt schuldet ihm kein Mitleid und keinen Trost, das weiß er.

Vier Monate später hat er sich noch immer nicht getrennt. Sie gehen am Wochenende ins Kino, ein Liebesfilm, den sie sehen will. Er fällt im Mittelgang um. Er liegt auf dem roten Teppich in dem Popcorn, das er für sie gekauft hat. Er selbst mag kein Popcorn, aber jetzt klebt es an seinen Hosen und an seinem Hemd und in seinen Haaren. Im Krankenhaus bekommt er einen zweiten Herzinfarkt und stirbt.

Vierundzwanzig

Eine Talkshow zur besten Sendezeit. Sie ist harmlos, die Politiker fallen sich ein paarmal ins Wort, die Moderatorin beruhigt sie wieder.

Zeitgleich wird die Sendung in den sogenannten »sozialen Medien« kommentiert. Die Gäste der Talkshow werden »asoziale Psychopathen« und »Primitive« genannt, ein Mann habe eine »Hackfresse«, eine Frau sei eine »steuerflüchtige Lesbe«, andere werden als »Säufer«, »Denunzianten« und »verlogene Verräter« bezeichnet. Man müsse ihnen »aufs Maul hauen«, ihnen die »Eier abschneiden«, sie seien »lebensunwertes Leben«.

Die Spätnachrichten zeigen den Vorsitzenden einer Partei, die im Bundestag vertreten ist. Auf einer Kundgebung sagt er: »Hitler und die Nazis sind nur ein Vogelschiss in über 1000 Jahren erfolgreicher deutscher Geschichte.« Das ist kein

Versehen, kein Versprecher, kein Tippfehler im Manuskript. Der Politiker wollte sagen, was er sagte: 65 Millionen tote Soldaten und Zivilisten, sechs Millionen ermordete Juden zählen nicht. Er kennt seine johlenden Zuhörer, er weiß, was sie hören wollen, und er weiß, worüber die Journalisten berichten werden. Es ist die Sprache, die unser Bewusstsein verändert.

Einige Wochen später fliegen Bundespolizisten mit einem Tunesier von Düsseldorf nach Tunis. Er soll in Moscheen salafistische Hasspredigten gehalten haben und früher in der Leibgarde Bin Ladens gewesen sein. Er sei ein »Gefährder«, wird gesagt, aber kein Gesetz erklärt, was damit eigentlich gemeint sei. Tatsächlich wurde dieser Mann nie verurteilt, vor elf Jahren stellte die Bundesanwaltschaft die Verfahren gegen ihn ein, die Verdachtsmomente reichten nicht aus. Der »Gefährder« war kein »Verdächtiger«.

Drei Klagen dieses Mannes werden jetzt vor dem Verwaltungsgericht verhandelt. Die Behörden wollten den Mann abschieben. Das Verwaltungsgericht erklärte, das sei nicht möglich, solange seine Verfahren nicht abgeschlossen seien. Das Gericht faxte den Beschluss zur Bundespolizei, er traf dort zu spät ein, das Flugzeug war schon anderthalb Stunden in der Luft. Das Verwaltungsgericht ordnet nun an, der Mann müsse zurückgebracht werden. Seine Abschiebung sei »grob rechtswidrig« gewesen, sie

»verletze grundlegende rechtsstaatliche Prinzipien«. Die Stadt klagte dagegen und verlor. Keine Behörde darf laufende Verfahren oder Beschlüsse ignorieren, die Gerichte müssen darauf vertrauen dürfen. Das Oberverwaltungsgericht spricht von »evidenter« Rechtswidrigkeit. Es ist ganz gleich, um wen es geht – das Recht schützt auch Menschen, die es verachten.

Der Chefredakteur einer bürgerlichen Zeitung verfasst einen kurzen Text für die Online-Ausgabe. Die Entscheidung des Gerichts zeige, so schreibt er, dass der Rechtsstaat funktioniere.

Die Leser dieses Artikels sind wütend, auf der Internetseite der Zeitung verfassen sie in kürzester Zeit hunderte Kommentare. Dem Chefredakteur werden »Strafen« angedroht. »Nur technokratisches Gezeter« sei der Beschluss des Verwaltungsgerichts, schreibt einer, und ein anderer fragt: »Was soll das denn bitte für ein Recht sein, was nicht dem deutschen Volk hilft, sondern ihm schadet?«

Hans Frank war einer der ersten Gefolgsmänner Hitlers. Schon 1923 war er bei dem Marsch auf die Feldherrnhalle in München dabei, »alter Kämpfer« hieß das bei den Nazis, sie meinten es ehrenvoll. Hans Frank wurde Justizminister von Bayern, kurze Zeit danach »Reichskommissar für die Gleichschaltung der Justiz in den Ländern und für die Erneuerung der Rechtsordnung«. Später war er »Generalgouverneur von Polen«, die Menschen dort nannten ihn den »Judenschlächter von Krakau«. Auf dem Deutschen Juristentag 1933 erklärte er: »Alles, was dem Volke nützt, ist Recht, alles, was ihm schadet, ist Unrecht.«

Fünfundzwanzig

Es dauert fast vier Stunden. Der Notar liest langsam, er scheint über jeden Satz nachzudenken. Die Anwälte, die den Text seit Wochen ausgehandelt haben, tragen teure Anzüge und große Uhren. Es geht um Fabriken, Aktien, Grundstücke, Häuser, Containerschiffe und eine Yacht im Mittelmeer. Jedes Detail wird geregelt, die Testamentsvollstreckung, die Erbschaftssteuer. Ich bin nur Gast, ich verstehe nichts von Erbschafts- oder Steuerrecht. Die Mandantin hat mich gebeten, dabei zu sein, vielleicht, weil ich ihr vor Jahren einmal helfen konnte. Unter dem Fenster liegt die Altstadt, mittelalterliche Gauben, die Fensterläden blau-weiß oder grün gestrichen, 700 Jahre Bürgerlichkeit.

Endlich ist der Notar fertig. Ob alle einverstanden seien, fragt er. Die Mandantin sieht die Anwälte an, alle nicken. Sie unterschreibt die Papiere, ihre

Handschrift ist etwas wackelig. Ich habe sie nie mit einem Handy gesehen, unvorstellbar, dass sie hinter einem Computerbildschirm sitzt. Sie ist 84 Jahre alt, wiegt vielleicht noch 50 Kilogramm und ist sehr krank. Ihr Vermögen wird nach ihrem Tod in eine gemeinnützige Stiftung überführt werden, das hat sie heute festgelegt.

Nach der Unterschrift stehen alle auf und geben sich die Hand. Die Mandantin sieht müde aus. Eine Büroangestellte bringt unsere Mäntel.

Draußen ist es sehr kalt. Der Fahrer der Mandantin wartet vor der Tür. Im Wagen sagt sie, jetzt sei es geschafft, sie sei sehr erleichtert.

Wir fahren zu einem fast leeren Lokal in der Altstadt. Die Wände sind mit alten Fotos von Boxern tapeziert, dazwischen hängen Plakate, die große Kämpfe ankündigten. Ein seltsamer Ort für die alte Dame, sie scheint nicht hierher zu passen. Der Gastwirt begrüßt sie herzlich und bringt uns an einen Tisch. Das Lokal sei vor ein paar Jahren bankrott gewesen, sagt sie. Es hätte schließen müssen, deshalb habe sie das Haus gekauft, der Gastwirt müsse ihr nur eine sehr geringe Miete bezahlen.

»Wissen Sie, diese Kneipe ist die letzte Verbindung zu meiner Vergangenheit«, sagt sie. Sie geht zu den Fotos. Sie nennt die Boxer mit Vornamen, zu jedem kann sie eine Anekdote erzählen. Zum ersten Mal heute sehe ich sie lächeln. Ich bitte sie, mir mehr zu erzählen.

»Sie werden es vermutlich nicht glauben, aber der einzige Mann, den ich geliebt habe, war Boxer, Schwergewicht. Meine Eltern waren gegen die Beziehung, er sei doch kein Mann für mich, sagten sie. Später war ich ja zweimal verheiratet, aber nie wieder war es so, wie mit ihm. Ich habe den großen Wagen, den ich als junge Frau fuhr, immer ein paar Straßen weiter geparkt, damit er ihn nicht sieht. Er sollte nicht wissen, dass meine Familie Geld hat. Als er es mitbekam, war es ihm völlig gleichgültig, auch dafür habe ich ihn geliebt. Wir haben uns immer hier getroffen. Es ist nicht wie heute, Boxer waren damals Außenseiter der Gesellschaft, man sah auf sie herunter, deshalb mussten sie zusammenhalten. Er hat mir alles über das Boxen beigebracht, eigentlich alles, was ich über die Welt weiß«, sagt sie.

Eine Kellnerin bringt die Speisekarte in einer Hülle aus abwaschbarem Plastik. Wir bestellen eine Kleinigkeit.

»Verstehen Sie etwas vom Boxen?«, fragt sie.

Ich schüttele den Kopf.

»Boxen«, sagt sie, »das ist Gewalt, Mut und Kontrolle. Es geht zwar nur um den Sieg, darum, den Gegner niederzuschlagen. Aber anders als die meisten Menschen glauben, ist Boxen gerade nicht archaisch. Es ist das Gegenteil. Archaisch ist der Straßenkampf, die Vernichtung des Gegners mit Messern und Knüppeln, mit Tritten, Würgen und so weiter. Aber Boxen ist ohne Zivilisation gar nicht denkbar.

Es gibt sehr viele Regeln. Der Boxer darf nicht unterhalb der Gürtellinie schlagen, er darf nicht mit Ellenbogen, Schultern, Unterarmen, Handkanten zuschlagen, Kopfstöße sind nicht erlaubt, keine Schläge auf den Hinterkopf, in die Nieren, mit den Knien, Füßen oder mit anderen Teilen der Beine. Das Einzige, was erlaubt ist, sind Schläge mit der geschlossenen Faust. Es geht nicht um die Gewalt selbst, es geht um Inszenierung von Gewalt.«

Wenn sie lächelt, sieht sie aus wie ein junges Mädchen, ich habe sie so noch nie erlebt. Vielleicht liegt es daran, dass sie heute ihren Nachlass geordnet hat, den ganzen Tag wurde über ihren Tod und die Zeit danach gesprochen.

Sie erzählte weiter von ihrem Freund, dem Boxer. Er sei ein sehr harter Mann gewesen, aus kleinsten Verhältnissen habe er sich regelrecht nach oben geschlagen. Er sei stark gewesen, ein Mann, der sie beschützen konnte, nicht so verfeinert wie die Banker und Manager und Anwälte, die sie aus ihrem Elternhaus kannte. Damals hätte sie es nicht formulieren können, aber heute wisse sie, dass die Gefahr, die Gewalt, die Nähe zum Tod, das Endgültige und Kompromisslose sie angezogen habe. »Damals waren wir unsterblich«, sagt sie. Bei ihm habe sie sich sicher gefühlt.

Was aus ihm geworden sei, frage ich.

Sie sieht ins Leere und antwortet nicht, ihre Lippen werden wieder dünn und blass. Dann zeigt sie

mir sein Foto an der Wand über der Theke, ein großer Mann mit kantigem Kinn, die Haare sind mit
Pomade zurückgekämmt. Ich versuche mir vorzu-
stellen, wie die alte Dame vor 60 Jahren aussah,
neben ihm muss sie wie ein Kind gewirkt haben.

Später bringt uns der Fahrer zu meinem Hotel.
Als ich aussteigen will, legt sie ihre Hand auf mei-
nen Arm und beugt sich vor. »Er starb bei einem
Picknick an einem Wespenstich. Anaphylaktischer
Schock, Herzstillstand«, sagt sie. »Das habe ich ihm
nie verzeihen können.«

Sechsundzwanzig

Eine Lesung in München, danach mit dem Wagen
nach Oberbayern, ein paar Tage in der Ideallandschaft. Vor 100 Jahren malten hier Wassily Kandinsky, Franz Marc, Paul Klee und Lovis Corinth
das blaue Land mit dem weichen Licht. Ödön von
Horváth baute in 20er Jahren ein Sommerhaus in
Murnau, Bertolt Brecht kaufte 1932 ein Landhaus
am Ammersee und Thomas Manns »Doktor Faustus« spielt in einem Dorf in dieser Gegend.

Eine Einladung in das Kloster Benediktbeuern,
im Hof die gewaltige Rotbuche. Die Klosterkirche,
verspieltes italienisches Barock, die kindliche Freude
an der Übertreibung. Im Chorraum über dem Altar
hängt eine riesige goldene Uhr. »Rasch tritt der Tod
den Menschen an, es ist ihm keine Frist gegeben« –
als Schiller diesen Vers in »Wilhelm Tell« schrieb,
war er 46 Jahre alt, ein Jahr später starb er. In dem

Klosterladen neben der Kirche zeigt mir der Pater Esoterik- und Lebenshilfebücher, Teelichte und gestickte Sinnsprüche. Mehr ertrage der moderne Mensch nicht mehr, sagt er.

Ich fahre über die Dörfer am Bodensee nach Freiburg zu einer Lesung. Überall Erinnerungen. Übernachtung in Lindau, gegenüber dem Hotel der Mangturm und der sechs Meter hohe Steinlöwe mit aufgerissenem Maul. Das schönste Haus an der Uferpromenade ist das Finanzamt. Weit entfernt über dem See leuchten die Schneealpen.

Am nächsten Tag die Fahrt an den Obstwiesen und Weinstöcken entlang, eine heitere, glückliche Landschaft. Aber die Dörfer und Städte sind jetzt überlaufen, anders als in meiner Kindheit. Zwischenhalt in Nußdorf, ein Mittagessen mit Freunden, dann alleine zum Freischwimmbad. Der Eintritt kostet drei Euro, niemand liegt auf dem Rasen, es ist noch zu kalt für die Badegäste. Ich setze mich auf die Bank unter der alten Weide, ihre Zweige hängen ins Wasser. Der See ist vollkommen glatt. Hier habe ich in einem Sommer vor 40 Jahren zum ersten Mal Thomas Manns »Zauberberg« gelesen, ich hatte damals kein Wort verstanden, weil ich noch nicht wusste, was *Zeit* ist.

Später Rapsfelder und Bauernwiesen, sanfte hellgrüne Hügel, dann hinunter in den Schwarzwald, den die Kelten wegen seiner Düsternis so nannten. Hier lebten Kohlenbrenner und Glasbläser, alles war

Schmutz, Armut und Elend. Heute wandern überall Touristen in bunter Funktionskleidung mit blinkenden Gehstöcken. Das Eigentliche, das Dunkle, sieht nur, wer die Winternächte kennt.

Dann Freiburg. Die alles bestimmende Kirche im Zentrum der Stadt, im Zentrum des Denkens. Der Turm des Münsters, Eleganz durch Einfachheit und Strenge. Nach der Lesung im Theater ein Spaziergang zurück ins Hotel. Die Häuser aus dem 15. Jahrhundert mit ihren dicken Mauern und kleinen Fenstern – Enge, die Schutz war. Erasmus lebte hier ein paar Jahre. Wenn er, der Stille und Vorsichtige, sich statt des lauten Luther durchgesetzt hätte, das Gemäßigte statt des Revolutionären, was wäre aus der Welt geworden? Heute sind in den alten Gebäuden um das Münster hübsche Restaurants und Geschäfte. Ich gehe in ein Café, an der Tür klebt ein Schild »Selbstbedienung«. Die Gäste haben kleine Rucksäcke, auf den Tischen liegen Laptops und iPads, viele der jungen Männer tragen Vollbärte in ihren kindlich weichen Gesichtern.

Als Kind war ich oft in dem Theater hier, mein Internat war nur 60 Kilometer entfernt. Meistens fuhr ein alter Pater mit uns im Bus. Er sagte, »Nathan der Weise« sei das erste Stück gewesen, das nach dem Krieg in diesem Theater wieder gespielt wurde. Er liebte dieses Stück und erklärte es uns immer wieder. Der Pater unterrichtete Latein und Griechisch. Nie hatte ihn jemand wütend gesehen, nie wurde er laut. Früher hatte er als Soldat gedient, er und sein Bruder, ein Anwalt in München, waren im Widerstand gegen Hitler gewesen. Erst spät, einige Jahre nach dem Krieg, trat er in den Jesuitenorden ein.

Zum Internat gehörte eine Berghütte, sie hatte einen offenen Kamin und manchmal durften wir dort am Wochenende übernachten. Wir waren acht Jungen, alle zwischen zehn und elf Jahre alt.

An diesem Tag, an den ich mich jetzt erinnere, hatte es die ganze Nacht geschneit. Am Morgen war es sehr kalt und sehr hell. Das Reh lag hinter dem Holzstapel. Es lebte noch, sein linker Vorderlauf war in der Eisenfalle eingeklemmt, der Knochen war gesplittert, es hatte viel Blut verloren. Die Falle hatten wir in dem Schuppen gefunden. Wir hatten sie aufgeklappt und Sonnenblumenkerne und Haferflocken davor gelegt. Wir hatten uns vorgestellt, einen Wolf oder einen Bären zu fangen, obwohl es hier keine Wölfe und keine Bären gab. Jetzt lag dort das Reh, es hatte Angst und verblutete in den Schnee.

Der Pater kniete sich neben das Reh, er legte seine Hand über die Augen des Tieres, streichelte es und brach ihm das Genick. Es ging schnell. Dann holte er aus dem Schuppen Spitzhacken und Schaufeln. Wir gruben den ganzen Vormittag, der Boden war hart gefroren. Wir legten das Reh in die Grube, Blut klebte auf der Soutane des Paters. Er nannte das Tier nicht ein »Geschöpf Gottes«, er stellte kein Kreuz auf, und er sprach kein Gebet. Der Schnee war jetzt schmutzig, und wir waren müde und schämten uns.

Der Pater sagte, ein Mann brauche nur drei Eigenschaften, er müsse mutig, tapfer und sanft sein. Er soll die Dinge mutig beginnen, tapfer ihr Scheitern ertragen und sanft zu den Menschen sein. Er starb, als ich zwölf Jahre alt war, in der Hauskapelle des Internats wurde er aufgebahrt. Sein Gesicht war bläulich-weiß und zum ersten Mal seit ich ihn kannte, trug er eine Soutane, die nicht voller Asche und Essensreste war. Ich mochte den alten Mann.

In Griechenland stand über dem Tempel von Delphi: »Erkenne Dich selbst«. Der Gott Apollon hat es den Griechen geraten, der alte Pater hatte es in der ersten Stunde an die Tafel geschrieben, und heute wird der Satz auf T-Shirts und Autoaufkleber gedruckt. Aber es ist nicht möglich, niemand kann sich selbst kennen. Wir wissen vom Tod, und das ist schon alles, das ist unsere ganze Geschichte.

Siebenundzwanzig

Das Essen in der Kantine des Krankenhauses ist für Personal und Ärzte preiswerter. An der Kasse verlangt ein Mann diese Vergünstigung. Die Kassiererin hat ihn noch nie gesehen. Er sei Arzt, sagt er, einen Ausweis habe er aber nicht dabei. Es geht um 1,95 Euro. Der Mann ist gepflegt, trägt Anzug und Krawatte. Er behauptet, er halte für die Urologen des Krankenhauses einen Vortrag. Er komme aus München, fügt er hinzu, weil sie ihn nur ansieht und nichts sagt.

In dem Krankenhaus gibt es eine Abteilung für Psychiatrie. Die Kassiererin weiß, woran man die Verrückten erkennt. Es ist ihr Blick, sie können den Augenkontakt nicht halten, und es ist ihr Geruch, pelzig, modrig, nach verdorbenen Champignons. Die Kassiererin beugt sich vor, sie sieht, dass der Mann Pantoffeln trägt. Jetzt verweigert sie ihm endgültig den Rabatt.

Nach ihrer Schicht sieht sie in der Haupthalle auf einem Bildschirm das Gesicht des Mannes. Zu Hause sucht sie im Internet nach ihm. In seinem Wikipediaeintrag steht, dass er immer Pantoffeln trage, weil er einen Zusammenhang zwischen Nierenerkrankungen und engen Schuhen vermute.

Sie ist sich jetzt sicher, dass sie sich nicht getäuscht hat.

Achtundzwanzig

Kramer lernte ich kennen, nachdem er seine Firma verkauft hatte. Die Käufer zeigten ihn an, er habe Bilanzen gefälscht. Es wurde ein anstrengender Prozess. Die Akten umfassten tausende Seiten, Zahlenkolonnen, Tabellen, Gutachten. Unzählige Blätter mussten verlesen werden, wir verhandelten acht Wochen lang jeden zweiten Tag. Schon aus Erschöpfung waren alle irgendwann zu einem Kompromiss bereit, wir schlossen die Sache ab.

Am Abend des letzten Prozesstages fuhr kein Zug mehr zurück nach Berlin. Ich war müde und wäre gerne in meinem Hotelzimmer geblieben, aber Kramer lud mich zum Abendessen ein. Gastfreundschaft von Fremden ist manchmal das Schlimmste. Ich sagte, ich würde später nachkommen.

Nach den Akten, die das Gericht beigezogen hatte, war Kramer in seiner Jugend immer wieder verurteilt worden. Diebstahl, Raub, Erpressung und Körperverletzung. Mit neunzehn bekam er eine hohe Jugendstrafe. Er hatte Streit mit zwei Türstehern angefangen, weil sie ihn nicht in die Dorfdiskothek lassen wollten. Beide waren fast zwei Meter groß, austrainierte Kampfsportler. Kramer hatte keine Chance. Mit einer gebrochenen Rippe, zertrümmertem Kiefer und Platzwunden im Gesicht schleppte er sich zu seinem Auto. Dort wartete er vier Stunden, seine Schmerzen müssen unerträglich gewesen sein. Als einer der Türsteher zum Parkplatz ging, startete Kramer seinen Wagen, überfuhr den Mann, schaltete in den Rückwärtsgang und überfuhr ihn noch einmal. Der Türsteher starb auf dem Weg ins Krankenhaus.

In der Jugendstrafanstalt beurteilte ein Sozialarbeiter Kramer später als »intelligent, aggressiv und unfähig, Mitleid zu empfinden«.

Gegen zehn Uhr ging ich zum »Ratskeller«. Angeblich war es das beste Restaurant in der Kleinstadt, ein dunkler Raum mit Eichendielen, Holztischen und schwerer Küche. Kramer hatte seine Freundin, den Finanzbuchhalter der Firma und dessen Ehefrau eingeladen.

Die Frau des Buchhalters war eine Schönheit, sie trug ein schwarzes Etuikleid, hohe Schuhe und eine teure französische Handtasche. Sie passte nicht zu dem Buchhalter und sie passte nicht in den Ratskeller. Die ganze Situation schien ihr unangenehm zu sein.

Als ich ankam, hatte Kramer schon zu viel getrunken, er sprach nur noch schleppend. Als er mich sah, brüllte er nach dem Kellner. »Bring uns Champagner«, schrie er, und dann wandte er sich an mich: »Na endlich. Wir müssen den Prozess feiern.«

Der Kellner brachte eine Flasche und Gläser. Kramer knüllte einen Geldschein zusammen, stopfte ihn in die Hemdtasche des Kellners und schlug mit der flachen Hand auf dessen Brust. »Guter Mann«, sagte er. Er nahm die Flasche, schüttelte sie und ließ den Korken gegen die Decke knallen. Andere Gäste drehten sich zu uns um. Schaum spritzte auf die Bluse von Kramers Freundin. »Wisch das ab«, sagte er und warf eine Serviette über den Tisch. Er schenkte ein, die Hälfte ging daneben. Dann setzte er sich. Sein Gesicht war rot, er atmete schwer.

»Bevor Sie kamen«, sagte er, »hatte ich gerade erzählt, was heute in der Zeitung stand: Die Hälfte aller verheirateten Männer geht fremd.« Er machte eine Pause, eine Ader in seinem linken Auge war geplatzt. »Aber wenn das so ist, dann geht auch die Hälfte aller Frauen fremd. Sonst geht's ja nicht auf, oder?« Er lachte.

Kramers Buchhalter war der Hauptzeuge im Prozess gewesen. Sein Gedächtnis war beeindruckend, er kannte die Zahlen auswendig. Er war ein unscheinbarer Mann, der nicht besonders gut bezahlt wurde und ein wenig stotterte. Niemand im Gericht zweifelte an seiner Aufrichtigkeit. Hauptsächlich ihm war es zu verdanken, dass Kramer nicht verurteilt wurde.

Kramer stand auf, beugte sich über den Tisch, schlug dem Buchhalter mit seinen kleinen, dicken Händen auf die Schulter. Er kam mit dem Kopf immer zu nah, wenn er mit jemandem sprach, er hatte Mundgeruch und schlechte Zähne. Der Buchhalter versuchte zu lächeln.

»Kannst du dir das vorstellen? Die Hälfte aller Ehefrauen vögelt fremd.« Kramer duzte alle seine Mitarbeiter, das war sein Prinzip. »Jede Zweite«, schrie Kramer, »auch deine schöne Frau kann dabei sein. Sie sieht sowieso zu gut für dich aus.«

Der Buchhalter antwortete nicht.

»Schau nicht so blöd«, sagte Kramer und setzte sich wieder. Er brüllte wieder nach dem Kellner und bestellte eine weitere Flasche.

Kramers Freundin, eine junge Frau mit Pausbacken, legte die Hand auf seinen Unterarm. »Lass sie doch in Ruhe«, sagte sie sanft.

Kramer stieß ihre Hand zurück und stand wieder auf. Er zog Jackett und Krawatte aus, sein Hemd war am Kragen und am Rücken unter den Hosenträgern nass vor Schweiß. Aus seiner Tasche zog er eine Rolle Geldscheine, die mit einem dicken roten Gummiband umwickelt war. »Also, wir machen das jetzt so: Das sind 5000 Euro. Ich wette, dass eine der beiden Frauen hier am Tisch fremdgeht.« Kramer warf die Geldrolle in die Mitte des Tisches.

Ich sagte, ich sei sehr müde, wir sollten jetzt besser alle nach Hause gehen, es sei doch ein langer Tag gewesen. Kramers Freundin nickte und wollte aufstehen. Kramer, der immer noch stand, drückte sie an der Schulter nach unten. »Du bleibst sitzen.«

»Aber selbst wenn es stimmen würde, Herr Kramer«, sagte der Buchhalter ruhig, »könnten Sie das Fremdgehen einer Frau doch niemals beweisen.«

»Doch, das ist ganz einfach. Mit dem Handy. Man muss nur nach den letzten SMS schauen. Stand genau so in der Zeitung.«

Kramer hatte die Handtasche seiner Freundin auf den Tisch gestellt und durchwühlte sie.

»Wo ist dein Handy«, fragte er.

Weil er es nicht sofort fand, kippte er den Inhalt der Tasche auf den Tisch. Er nahm das Telefon, das jetzt zwischen Lippenstift, Brillenetui, Bonbons, Tabletten und Taschentüchern lag, und tippte den Code ein, den er offensichtlich kannte. Nach ein paar Sekunden sagte er: »Bitte sehr, da ist nichts. Nur Nachrichten an mich und ihre Mutter.«

Kramer wandte sich an die Frau des Buchhalters.

»Ihr Telefon?«

»Ich habe es nicht dabei«, sagte sie.

»Blödsinn«, lallte Kramer, »sein Handy hat jeder dabei.«

»Ich habe es wirklich nicht.«

Kramer starrte sie an, ohne sich zu bewegen. Speichelfäden zogen sich zwischen seiner Ober- und Unterlippe. Endlich stellte die Frau ihre Handtasche auf ihre Oberschenkel und öffnete den Verschluss. Kramer sah das Handy, griff in die Tasche und zog es heraus. Er hielt das Telefon in die Luft.

»Na also, da ist es ja«, sagte er. »Und der Code?«

»Ich…«, sagte die Frau.

»Ah ja, den Code haben wir natürlich auch vergessen. Na klar.« Er machte eine kurze Pause. »Den Code, nun mach schon.« Seine Stimme klang wieder nüchtern, sie war klar und scharf. Ich verstand nun, was seine Mitarbeiter in dem Prozess gemeint hatten, wenn sie Kramer »bedrohlich« nannten. Die meisten hatten Angst vor ihm. Einer hatte im Zeugenstand gesagt, sie hätten Kramer nur den »Schleifer« genannt.

Die Frau des Buchhalters sagte leise die Nummer. Ihre Lippen waren blass.

»Lassen Sie das jetzt«, sagte ich und stand auf.

Kramer hörte nicht mehr zu. Er starrte lange auf das Display des Telefons. Dann schaltete er es aus und gab es der Frau des Buchhalters zurück. Es war ziemlich dunkel in der Gastwirtschaft, aber ich glaube, Kramer verneigte sich ein wenig vor ihr. Dann ließ er sich zurück auf den Stuhl sinken.

»Du hast gewonnen«, sagte er zu dem Buchhalter. Seine Stimme hatte jetzt einen anderen, einen müden Klang. Kramer schien erschöpft zu sein.

»Ich habe die Wette gar nicht angenommen«, sagte der Buchhalter.

Das war ein Fehler.

»Nimm das Geld, du Idiot.« Kramer gab der Geldrolle einen Stoß. »Los, verdammt noch mal.«

Der Buchhalter zögerte einen Moment, dann steckte er das Geld ein.

Ich hatte genug und verabschiedete mich.

»Soll ich Sie ins Hotel bringen?«, fragte Kramer. Er zeigte auf seine Freundin. »Sie fährt.«

»Nein danke, ich gehe die paar Schritte zu Fuß«, sagte ich.

Als ich am nächsten Tag im Hotel meine Rechnung bezahlt hatte, stand Kramer in der Eingangshalle. Er war frisch rasiert und gut gelaunt.

»Ich wollte mich verabschieden«, sagte er. »Na ja, und mich für gestern entschuldigen, ich hatte einfach zu viel getrunken. Haben Sie noch einen Moment?«

Ich bestellte ein Taxi, und wir setzten uns in die Lobby.

»Wissen Sie, als ich damals mit 24 Jahren aus dem Gefängnis kam, hatte ich eine Freundin«, sagte Kramer. »Wir haben geheiratet, sie wurde schwanger, und wir bekamen einen Jungen. Sie hatte mir immer gesagt: ›Komm her‹. Mehr musste sie nie sagen, daran erinnere ich mich heute noch. Ich hatte ihr versprochen, keine Straftaten mehr zu begehen, sonst hätte sie mich nicht genommen. Ich arbeitete damals als Maler auf dem Bau, im Gefängnis hatte ich die Lehre gemacht. Es ging gut. Jedenfalls eine Zeitlang.«

Kramer sah zu Boden.

»Nach vier Jahren schlug ich mit einer Eisenstange einen Mann auf einer Baustelle zusammen, der frech zu mir gewesen war. Meine Freundin verließ mich, sie hatte mich gewarnt. Sie sagte, es sei so schwer, mich zu lieben, sie könne es einfach nicht mehr. Sie nahm unseren Sohn mit und zog nach Norddeutschland. Ich habe 15 Jahre gebraucht, um darüber wegzukommen. In dieser Zeit baute ich die Firma auf, die ich jetzt verkauft habe.«

Damals, sagte er, habe er angefangen zu essen, er sei dick geworden, auch durch die Reisen und die Hotels und die Konferenzen. Er habe immer weiter gegessen, weil er gedacht habe, das sei nun auch schon egal. Beziehungen habe er nur noch zu Prostituierten gehabt. Eigentlich verachte er die Leute, die so aussehen, wie er jetzt aussehe, das seien Menschen, die sich aufgegeben hätten. Er werde jetzt mit dem Essen aufhören und seinen Körper wieder in Ordnung bringen. Das und auch alles andere.

»Was werden Sie tun?«, fragte ich.

»Ich weiß nicht. Ich habe mehr Geld verdient, als ich ausgeben kann. Vielleicht werde ich zu meiner Ex-Freundin fahren und meinen Sohn endlich besuchen. Ich glaube, ich kann das jetzt.«

Der Concierge meldete die Ankunft des Taxis. Wir standen auf, Kramer brachte mich zur Tür.

»Wollen Sie denn gar nicht wissen, was in den Nachrichten der Frau stand?«, fragte er.

»Ich glaube nicht«, sagte ich und stieg in das Taxi.

Neunundzwanzig

Der Film der Coen-Brüder »The Man Who Wasn't There« zeigt das langweilige Leben eines Friseurs in einer Kleinstadt. Seine Frau beginnt ein Verhältnis mit dem Kaufhausbesitzer, es wird kompliziert, die Sache entgleist, und schließlich tötet der Friseur den Kaufhausbesitzer. Seine Frau und er werden wegen Mordes angeklagt.

Sie verpflichten einen Anwalt aus der Hauptstadt. Er ist geldgierig, wohnt im teuersten Hotel und isst jeden Tag Hummer mit Spaghetti. In einer Szene des Films steht er im Gefängnis, das angeklagte Ehepaar sitzt auf Holzstühlen, ein Privatdetektiv blättert genervt in seinen Notizen. Der Film ist in schwarz-weiß gedreht, die Bilder sind hart. Im Gefängnis entwickelt der Anwalt die Verteidigungsstrategie für den Prozess. Er sagt:

»Es gibt da so einen Burschen in Deutschland.

Fritz soundso. Oder heißt er vielleicht auch Werner? Aber egal. Er hat ne Theorie entwickelt. Wenn man etwas untersuchen will, ich meine wissenschaftlich, wie sich die Planeten um die Sonne drehen, aus was für einer Materie Sonnenflecken sind, wieso das Wasser aus der Dusche kommt, na ja, man muss sich das ansehen. Aber manchmal, da verändert die Betrachtung den Gegenstand. Man kann nie objektiv wissen, was passiert ist oder was passiert wäre, wenn man nicht mit seiner verdammten Nase drin rumgeschnüffelt hätte. Deshalb kann es nie Gewissheit geben. Indem man etwas betrachtet, verändert man es. Die nennen das das Unschärfeprinzip. Klar, es klingt bescheuert, aber sogar Einstein sagt, dass da irgendwas dran ist. Wissenschaft, Wahrnehmung, Realität – Zweifel. Berechtigter Zweifel. Ich meine, je genauer man etwas betrachtet, desto weniger weiß man. Das steht fest. Eine bewiesene Tatsache. Und vermutlich die einzige Tatsache, die zählt. Dieser Deutsche hat dafür sogar ne Formel aufgestellt.«

1801 schreibt Kleist an seine Verlobte: »Wir können nicht entscheiden, ob das, was wir Wahrheit nennen, wahrhaft Wahrheit ist oder ob es uns nur so scheint.« Kleist geht es damals schlecht, er ist erfolglos, seine Stücke werden zensiert oder ganz verboten, seine Familie – fast alle sind im Militärdienst – versteht bis zum Schluss nicht, wer er ist. In vielen seiner Briefe erklärt er seinen Zustand, es ist ein alles umfassendes Gefühl der Fremdheit. Kleist, so wird von seinen Biographen oft gesagt, habe damals Kants »Kritik der Urteilskraft« gelesen und sei dadurch depressiv geworden. Ich glaube das nicht: Menschen verzweifeln nicht wegen Büchern. Es ist umgekehrt. Wir suchen die Bücher, die für uns geschrieben sind. Bei Kleist war es Kant, der ihm erklärte, weshalb er den Boden unter den Füßen verloren hatte, also das, was wir Wirklichkeit nennen.

125 Jahre nach Kleist erklärt Werner Heisenberg: »Die Wirklichkeit, von der wir sprechen können, ist nie die Wirklichkeit an sich.« Er sagt, es sei unmöglich, zwei Eigenschaften eines Teilchens gleichzeitig exakt zu messen. Wenn man den Ort eines Teilchens genau bestimmt, verändert sich dadurch zwangsläufig seine Energie.

Wir leben nur einen Wimpernschlag, dann versinken wir wieder, und in dieser kurzen Zeitspanne können wir noch nicht einmal das scheinbar Einfachste: die Wirklichkeit erkennen.

Bis heute ist Heisenbergs Theorie nicht widerlegt.

Dreißig

Der Speisewagen des Zuges ist überfüllt, nur noch ein Platz gegenüber einer Frau ist frei. Ich frage sie, ob ich mich setzen darf, sie nickt. Sie trägt eine schwarze Sonnenbrille, die zu groß für ihr Gesicht ist. Es dauert einen Moment, bis es mir wieder einfällt. Ich habe sie vor dreißig Jahren kennengelernt, sie ist die Tochter eines bekannten Hochschullehrers, damals war sie eine ehrgeizige junge Frau. Schon als Schülerin hatte sie Wahlplakate geklebt, später studierte sie Politikwissenschaften und trat in eine bürgerliche Partei ein. Ein paarmal habe ich sie in Talkshows gesehen, sie hatte eine solide Karriere als Lokalpolitikerin begonnen. Jetzt wirkt sie alt, steif und verlangsamt. Wir sprechen über das Wetter, über die Verspätungen der Bahn, das miserable Essen.

Plötzlich fragt sie, ob ich denn nicht mitbekommen hätte, was »damals« passiert sei. Sie wundert sich, dass ich es nicht weiß. Sie habe im Landesparlament diesen einen Satz gesagt. Fünfundzwanzig Jahre sei sie in der Politik gewesen, sie habe nie jemandem geschadet, immer sei sie höflich geblieben, habe ihre Gegner nicht persönlich angegriffen, noch nicht einmal im Wahlkampf. Sie habe ihre Arbeit ordentlich machen wollen. Wirtschaft und Kultur, das seien ihre Themen gewesen, und sie habe einiges davon verstanden. Und dann habe sie diesen einen Satz im Parlament gesagt.

Was sie danach erlebt habe, sei kaum zu beschreiben. Zuerst hätten die Journalisten über sie »Unfassbares« geschrieben. Dann sei es in den Internetforen und den sozialen Netzwerken losgegangen. »Widerwärtige Drecksau« sei noch harmlos gewesen, ihr seien Vergewaltigung angedroht worden, Folter, Mord, sie sei menschlicher Abfall. Sie habe E-Mails bekommen, die Sätze enthielten, die sie bis heute nicht wiedergeben könne.

Wochenlang habe sie nachts nur eine oder zwei Stunden schlafen können. Es habe einfach nicht aufgehört, Tag für Tag sei ihr ins Gesicht getreten worden. Fünfzehn Kilo habe sie abgenommen. Sie sei kein religiöser Mensch, sie stamme aus einem aufgeklärten Elternhaus, aber am Ende habe sie gedacht, sie habe ein furchtbares Verbrechen begangen und werde von einer übergeordneten Macht bestraft.

Nach einem halben Jahr sei sie endgültig zusammengebrochen. Sie habe vor einem Kaufhaus auf dem Bürgersteig einen Weinkrampf bekommen. Ihr Mann habe sie in eine Klinik bringen müssen, Psychopharmaka, dann zwei Jahre Therapie. Nur dass ihre Kinder sie noch brauchten, hätte sie davon abgehalten, mit allem Schluss zu machen. Die Politik habe sie vollständig aufgeben müssen, obwohl das seit ihrer Jugend ihr eigentliches Leben, ihre Berufung gewesen sei. Heute arbeite sie in der Verwaltung der Staatsbibliothek, keine Berührung mit der Öffentlichkeit, das ginge nicht mehr. Sie habe immer noch Angst vor der Wut der Menschen.

Was sie denn gesagt habe, frage ich. Sie spricht noch leiser: »Auch Kinderschänder müssen eine Chance auf Rehabilitierung bekommen.« Sie rührt mit dem Löffel in dem kalten Tee und sieht aus dem Fenster. Draußen liegt die Fontane-Landschaft, flach, grau und karg.

1955 wurde Emmett Till, ein Junge aus Chicago, von seiner Mutter in den Süden geschickt, um dort die Ferien zu verbringen. Er besuchte seine Verwandten in Leflore County. Emmett war in der Pubertät. Er erzählte den anderen Jungs aus dem Dorf von seinen Frauenabenteuern in der großen Stadt. Sie sagten, er sei ein Angeber. Wenn er wirklich so erfahren sei, müsse er das beweisen und die schöne Frau in dem kleinen Laden im Ort ansprechen.

Emmett nahm seinen Mut zusammen, betrat den Gemischtwarenladen und sprach ein paar Sätze mit ihr. Er kannte die Regeln nicht – Emmett war schwarz, die Frau weiß, eine frühere Schönheitskönigin.

Noch in der Nacht fuhr der Ehemann der Frau mit seinem Bruder zum Haus von Emmetts Verwandten. Sie nahmen den Jungen mit. Drei Tage später wurde seine Leiche gefunden. Die Täter hatten ihn halbtot geprügelt, dann erschossen und ihn mit einem Gewicht um den Hals in den Fluss geworfen. Emmett Till wurde nur vierzehn Jahre alt.

Noch im gleichen Jahr wurde der Prozess gegen die beiden Männer geführt. Die Jury beriet nur eine Stunde, dann verkündete der Richter das Urteil: Freispruch.

Drei Monate später wurden die beiden Männer von einer Illustrierten interviewt. In der Brieftasche des Jungen, sagten sie, hätten sie das Foto eines weißen Mädchens gefunden, das hätte sie in »rasende Wut« versetzt, und auch deshalb hätten sie ihn getötet.

Die beiden Männer wurden nie bestraft, das Gesetz schützte sie trotz Geständnis vor erneuter Strafverfolgung.

Auf dem Bahnsteig in Hamburg verabschiede ich mich. Ihr Mann holt sie ab, ein älterer Herr. Sie fahren mit der Rolltreppe nach oben, er legt den Arm um ihre Schultern. Ihre Regenmäntel haben die gleiche Farbe, sie verschwimmen ineinander.

Einunddreißig

Bei einem terroristischen Anschlag in Brüssel explodieren zwei Bomben am Flughafen und eine weitere in einer U-Bahn-Station. 35 Menschen werden getötet und über 300 verletzt.

Am Abend sagt der Innenminister in die Kameras: »Datenschutz ist schön, aber in Krisenzeiten wie diesen hat Sicherheit Vorrang.«

Zweiunddreißig

Die russische Narkoseärztin versichert ihm, sie wisse, was sie tue. Sie ist in Eile, »Notoperation«, das Wort beschleunigt hier jede Bewegung. Sie scheint sehr jung zu sein. Seit fünf Jahren sei sie Fachärztin, sagt sie, sie habe eine Menge Erfahrung. Immer habe sie das Problem, dass sie für zu jung gehalten werde unter dieser Kleidung, sagt sie. Sie zieht die grüne Operationshaube vom Kopf, er soll sehen, dass sie schon älter ist. Sie weiß nicht, dass sie so noch jünger aussieht. Sie lächelt, jedenfalls kommt es ihm so vor.

Sie spricht weiter in ihrem harten osteuropäischen Akzent, er hört nicht mehr zu. »Propofol«, nur das Wort bleibt in seinem Gedächtnis. Er stellt sich vor, wie weit ihr Weg aus einer der Vorstädte von Minsk bis in das Krankenhaus in Berlin war, wie stolz ihre Eltern auf sie sind, wie viele Entbehrungen, wie viel Glück.

Die Operationssäle sind im Keller. Dort sei mehr Platz, hatte ihm der Oberarzt früher einmal gesagt. Gitterwagen voller Wäsche, Neonbeleuchtung, leere Betten mit Plastikbezügen, ein unwirklicher Ort wie ein Klischee aus einem schlechten Film. Er versucht etwas zu sagen, aber es geht nicht mehr. Das Blut läuft ungehindert aus seinem Rücken, das Leintuch ist durchnässt, es tropft von dem Wagen auf den Flur. Die Ärzte sind aufgeregt, Sterilpackungen werden aufgerissen, leise Befehle den OP-Schwestern erteilt. Eine Putzfrau wird das Blut später aufwischen, daran denkt er noch.

Nur am Anfang ist es verwirrend, aber die letzten Momente sind ganz ohne Angst. Die Dinge werden hell, dann durchsichtig, dann leicht und dann still. Das Leben verlässt den Körper, mit jedem Pulsschlag wird es weniger, es geschieht von selbst, ohne Anstrengung, ohne Qual. Im Leben ist jede Vorbereitung auf den Tod sinnlos, das weiß er jetzt. Er denkt noch einmal an die Frau, die er liebt. Sie hat geleuchtet, immer hat er sie so gesehen, warm leuchtend, wie die alten Lampen oben im alten Haus seiner Kindheit. Sie wacht über mich, das hatte sie ihm jede Nacht vor dem Einschlafen gesagt. Dann verschwindet auch dieser Gedanke, es geht ihn nichts mehr an. Das Ende ist nur noch ein Gleiten, sanft, schmerzlos und ohne Lärm. Alles daran ist richtig, der Tod ist die beste Erfindung des Lebens.

Nach vier Tagen darf er das erste Mal in den kleinen Park vor dem Krankenhaus. Ein junges Paar schläft auf dem Rasen, er hat den Arm um sie gelegt, sein Kopf ist verbunden. Ein Taxifahrer reinigt die Scheiben seines Wagens, Fahrradfahrer, Mütter mit Kindern, vermummte Frauen, ein Mann mit dickem Bauch. Auf einem fest vertäuten Boot kann man Eis kaufen. Er zählt die Schwäne auf dem Wasser, die Patienten füttern sie mit trockenem Brot aus dem Krankenhaus. Dann klingelt sein Telefon, und so geht es weiter.

Dreiunddreißig

Jeden Morgen gehe ich an dem alten Trinker vorbei. Er sitzt auf der Bank, die der Supermarkt aufgestellt hat. Wenn er trinkt, hält er die Schnapsflasche mit beiden Händen. Vor ihm steht ein Pappbecher mit ein paar Münzen. Es ist *seine* Bank, ich habe nie jemand anderen dort sitzen sehen.

Gestern Abend saß der Trinker immer noch dort, aber er bewegte sich nicht mehr. Den Kopf hatte er in den Nacken gelegt, der Mund stand weit offen, er röchelte. Seine Haut war gelb, vermutlich eine Vergiftung. Ich ging erst an ihm vorbei, kehrte dann wieder um und fragte ihn, ob ich ihm helfen könne. Er kam langsam zu sich, Speichel lief aus seinem Mund und tropfte auf sein Hemd. Er sah mich an und schüttelte den Kopf. »Ich habe keine Haut«, sagte er.

Heute Morgen ist seine Bank leer.

Vierunddreißig

Die Spätnachrichten zeigen Bilder eines Vulkanausbruchs in Guatemala, 62 Tote, tausende Anwohner auf der Flucht. Zwei Tage hat der Vulkan gewütet. Leichen, auf denen rauchende Felsstücke liegen, Häuser, die bis zum Dach mit Schlamm überzogen sind. Ein Geowissenschaftler erklärt, wie es zu der Katastrophe gekommen ist. Danach sieht man Bilder einer christlichen Messe im Freien, die Menschen beten auf einer Wiese zu Gott. Der Pfarrer spricht von »el mal«, dem Bösen, und von »el malo«, dem Teufel.

Das Böse existiert, aber wie kam es in die Welt? Alle großen Theologen und Philosophen haben sich an dieser Frage versucht. Gott ist allgütig und allmächtig. Aber wenn er das Böse erschaffen hat, kann er kein gütiger Gott sein. Und wenn er das Böse nicht erschaffen hat, aber nicht verhindern konnte, dann ist er nicht allmächtig.

Die Gläubigen zweifeln trotzdem nicht. Sie sagen, das Böse komme nicht von Gott, sondern von den Menschen. Oder es sei einfach ein Mangel, wie ein Loch im Boden, nichts, was überhaupt erschaffen worden sei. Oder das Böse sei gerade ein Zeichen der Güte Gottes. Oder wir seien schlicht nicht in der Lage zu begreifen, warum es existiert. Sie glauben jedenfalls weiter an das Gute und an die Erlösung, an ihren Gott, der keine Blutopfer mehr verlangt.

Eine junge Frau sitzt auf einem Feldbett in einem Zelt, ihr Gesicht ist verquollen, sie weint. Ihre dreijährige Tochter sei von einem Gesteinsbrocken erschlagen worden, sagt sie in die Kamera.

Fünfunddreißig

Ich bin mit einem Kunsthistoriker verabredet. In einer Zeitung stand, 1938 hätten Nazis in Wien eine Familie ausgeraubt, ein Bild aus ihrem Besitz habe später mein Urgroßvater »gekauft«.

Die Alliierten beschlagnahmten nach dem Krieg die Vermögen meines Urgroßvaters und meines Großvaters. Wenige Jahre später durfte meine Großmutter das Bild von den Behörden in München zurückkaufen, sie hat kaum etwas dafür bezahlt. Ein paar Tage später, so die Zeitung, habe sie es mit großem Gewinn weiterveräußert.

Die Nachkommen der Familie aus Wien leben heute in New York. Das Bild haben sie nie zurückbekommen.

Der Kunsthistoriker soll mich beraten, was ich jetzt tun kann. Nach vielen Strafverfahren, in denen ich verteidigt habe, habe ich verstanden, dass Aufklärung den Opfern manchmal hilft. Nur wenn wir das Böse kennen, können wir damit weiterleben.

Im Taxi sehe ich mir in der Zeitung wieder das Foto des geraubten Bildes an. Es ist hübsch, ein friedlicher Platz in Holland, ein rotgedecktes Haus mit Schild, eine Kirche mit zwei Türmen im Hintergrund, Männer, Frauen, Kinder, Bäume, blaugrauer Himmel. Das Bild ist wohl nur eine Kopie, steht in dem Artikel, es sei fast wertlos. Aber das stimmt nicht.

Georg war ein Freund in meiner Kindheit. Am Anfang waren Besuche der Eltern im Internat nicht erlaubt, nur in den Ferien konnten wir nach Hause fahren, und nur einmal in der Woche durften wir unsere Eltern anrufen. Erst in der dritten Abteilung – wir waren 13 Jahre alt – lockerten die Patres die Vorschriften. Ich weiß nicht, ob es daran lag, dass wir jetzt älter waren, oder weil sie einsahen, dass so etwas einfach nicht mehr in die Zeit passte, aber jetzt durften wir jedes dritte Wochenende wegfahren.

Georg wohnte nur achtzig Kilometer vom Internat entfernt, ich verbrachte die Wochenenden oft bei ihm zu Hause. Er lebte am Bodensee in einem Schlösschen aus dem 18. Jahrhundert. Seine Eltern waren dick, sie hatten rote Gesichter und sahen aus wie im Sommer die Äpfel in ihrem Garten.

An diesen Sonntagen mussten wir immer auch seine Großmutter besuchen, darauf bestanden Georgs

Eltern. Sie bewohnte zwei niedrige Zimmer unter dem Dach. Die alte Dame hatte ihr Bett schon lange nicht mehr verlassen.

Georg und ich schoben den Besuch jedes Mal bis kurz vor unsere Rückreise hinaus. In ihrem Zimmer war auch im Sommer die Heizung hochgedreht, es war fürchterlich heiß. Die Stimme der alten Frau, ihre Augen und ihr Geruch waren unangenehm. Wenn wir oben bei ihr waren, mussten wir nebeneinander vor ihrem Bett stehen, sie fragte uns nach der Schule, nach Noten und Lehrern, und wenn wir richtig geantwortet hatten – fast immer logen wir –, gab sie jedem von uns ein Geldstück, das sie mit dünnen Fingern aus ihrem schwarzen Portemonnaie holte.

In Georgs Haus hingen unzählige Bilder, dunkle Stillleben mit Fasanen und Rebhühnern, Vorfahren in Rüstungen oder Samtkleidern und Kupferstiche von Jagd- und Reiterszenen. Nur in dem Zimmer der alten Dame war ein Bild, das nicht zu dem Haus und nicht zu seinen Bewohnern passte. Sie hatte es gegenüber von ihrem Bett aufgehängt: eine Südseeszene, zwei nackte Frauen liegen am Strand, zwischen ihnen spielt ein gelber Hund. Leuchtend bunte Farben, große Flächen, Figuren ohne Schatten. Ich wollte es mir immer genauer ansehen, aber vor der alten Dame traute ich mich nicht.

Viele Jahre später besuchte ich Georg in seinem Haus in Hamburg. Wir waren jetzt selbst erwachsen, Georg hatte Kinder, die studierten. Er hatte in eine wohlhabende Familie eingeheiratet und ein Vermögen mit Immobilien verdient. Das Haus, in dem er wohnte, war in den 20er Jahren gebaut worden, es war eingerichtet, wie solche Häuser immer eingerichtet sind: Bauhauslampen, Möbel von Eames und Jacobsen, dekorative Bücherreihen und grüne Sofas. Auf der Terrasse standen bequeme Sessel, man konnte von dort über die Elbe sehen.

Über dem Kamin hing das Bild aus dem Sterbezimmer seiner Großmutter. Georg sagte, es sei eine Fälschung, die miserable Kopie eines Gauguins. Er habe die Tagebücher seiner Großmutter gelesen, die nach ihrem Tod in ihrem Nachttisch gefunden wurden. Nach dem Krieg habe sie einige Jahre in Madrid gelebt, was niemand in der Familie mehr wusste. Vermutlich war sie dorthin gefahren, um nicht mehr unter der Aufsicht ihrer Verwandten zu stehen.

In Madrid habe sie einen Liebhaber gehabt, einen Maler. Und dieser Mann habe ihr das Bild geschenkt. Seine Großmutter, die uns immer als langweilige, strenge, alte Frau erschienen war, habe in ihrem Tagebuch geschrieben: »Er ist der einzige Mann, mit dem ich *vollständig* bin. Es ist nicht schlimm zu sterben, aber es ist schlimm, aufzuhören zu lieben. Jetzt werde ich für den Rest meines Lebens nur noch die Hälfte sein.« Sie zitierte aus einem Sonett von Michelangelo: »Nel vostro fiato son le mie parole – in Deinem Atem bildet sich mein

Wort.« Damals war sie 23 Jahre alt, drei Jahre später hatte sie Georgs Großvater geheiratet und war mit ihm in das Schlösschen am Bodensee gezogen.

Wir standen lange vor ihrem Südseebild. Und dann sagte Georg, dieses wertlose Bild sei das Wichtigste, was er besitze.

In Berlin erklärt mir der Kunsthistoriker beim Mittagessen den Stand der Forschung. Es gehe bei der Raubkunst um komplexe Rechtslagen, er beschreibt die internationalen Konferenzen, die Behörden und Stiftungen, und er erzählt von den Schwierigkeiten jeder Recherchearbeit. Selbst die Standards dieses Wissenschaftszweiges seien noch nicht vollständig geklärt, sagt er.

Ich denke an den Südseemaler und an die Großmutter Georgs und daran, dass wir nur unsere Erinnerungen sind. Das Vergangene ist nicht tot, schrieb William Faulkner einmal. Es ist nicht einmal vergangen.

Sechsunddreißig

Das Ehepaar – er Baustellenfahrer, sie Hausfrau –
lebt seit fast vierzig Jahren zusammen, die Kinder
sind längst aus dem Haus. Nach seiner Pensionie-
rung wird er langsam zur Zumutung. Abend für
Abend betrinkt er sich, er rasiert sich nur noch selten, sie muss ihn anflehen, wenigstens einmal in der
Woche zu duschen. Es wird ihr zu lange, wenn er
spricht, sie kann ihn nicht mehr ansehen. »Was soll
noch kommen?«, sagt er oft.

Bei ihr ist es umgekehrt. Seit sie sich nicht mehr
um den Haushalt mit den vier Kindern kümmern
muss, geht sie ins Theater, zu Lesungen und in Kon-
zerte. Sie liest Zeitungen online, trifft sich mit alten
Freundinnen und geht viel spazieren. Im Vorgarten
ihres Reihenhauses legt sie Blumenbeete an.

An einem Morgen im Hochsommer wacht sie
früh auf. Er liegt neben ihr und schnarcht, er riecht

nach Alkohol und Knoblauch, seine Haare auf dem Rücken sind schweißnass. Sie stützt den Kopf in ihre Hand und sieht ihn an. Plötzlich weiß sie, was sie tun muss. Die Idee erscheint ihr so rein und klar, so unverrückbar wahr, dass sie sich jetzt sogar körperlich erfrischt fühlt. Sie steht auf, macht einen Tee und setzt sich draußen mit einem Buch auf die Stufen des Hauses. An diesem Tag ist sie zum ersten Mal seit sehr langer Zeit wieder glücklich.

In den folgenden Wochen experimentiert sie mit einer Zahncreme auf Kautschukbasis. Das Rezept hat sie aus dem Internet, aber anfangs gelingt es ihr nicht, obwohl sie in der Vergangenheit schon oft Tees, Salben und Öle aus Pflanzen hergestellt hat. Als die Mischung nach vielen Versuchen endlich tatsächlich wie Zahnpasta aussieht und durch die Minze nicht mehr furchtbar schmeckt, mischt sie ihr Coniin bei. Die Schierlingspflanzen hat sie in ihrem kleinen Garten angebaut.

Sie füllt die Paste in einen Tiegel ab und stellt ihn in den Kühlschrank. Und dann wartet sie. Es dauert fast sechs Monate. Endlich bekommt er, wie früher schon oft, Zahnschmerzen. Sein Gebiss ist verfault, er hatte immer Angst vor dem Zahnarzt. Sie sagt, Schmerzmittel seien leider nicht mehr im Haus, sie habe vergessen, neue zu kaufen. In Wirklichkeit hat sie alle Tabletten entsorgt.

Sie ist liebevoll und fürsorglich mit ihm, sie streichelt über seinen Rücken. Vielleicht könne sie ihm doch helfen, sagt sie. Sie habe ein hochwirksames Präparat aus Pflanzen hergestellt, es werde schnell seine Schmerzen lindern. Sie holt aus dem Küchenschrank die Paste und bringt ihn dazu, sich damit nicht nur die Zähne zu putzen, sondern sie auch noch fünf Minuten im Mund zu behalten und sie dann zu schlucken. Sie wisse, wie schwer das sei, sagt sie, es brenne höllisch, aber er sei doch ihr großer, starker Mann. Sie weiß, dass er tapfer vor ihr sein will, und lächelt ihn an. Es werde gleich besser, sagt sie, während sie im Türrahmen des Badezimmers steht. Sie hat ihn schon sehr lange nicht mehr angelächelt.

Das Nervengift lässt von den Füßen die Lähmung aufsteigen, sie erreicht das Rückenmark, der Vergiftete erstickt bei vollem Bewusstsein. Sie hat das alles gelesen. Als der Todeskrampf einsetzt, schlägt der Mann um sich, er ist außer sich vor Panik und Schmerz. Sie zieht von außen die Badezimmertür zu und schließt ab, den Schlüssel hat sie vorher umgesteckt. Als sie hört, wie er zu Boden fällt, zieht sie ihre Gartenschürze an, geht in den Vorgarten und harkt sogfältig die Beete. Zwei Stunden später schließt sie das Bad wieder auf und ruft den Notfallarzt. Später findet die Polizei zwei Zähne in der Duschtasse, der Mann hat sie sich am Beckenrand ausgebissen.

In dem Schwurgerichtsprozess wird sie zu sieben Jahren verurteilt, bei ihrer ersten Vernehmung hat sie sofort alles zugegeben. Es ist ein mildes Urteil, mit viel Mühe begründen die Richter, warum es kein Mord, sondern ein Ausnahmefall sei. Sie ist eine zarte Frau mit einer sanften Stimme, ihre Haare sind ordentlich zurechtgemacht, und sie trägt ein schlichtes schwarzes Kleid. Auf der Anklagebank faltet sie die Hände und senkt den Blick, aber wenn sie angesprochen wird, hebt sie den Kopf, antwortet klar und sieht ihre Richter offen an. Sie schildert ihre Ehe und den Verfall ihres Mannes, sie muss dabei kaum lügen. Nur eine Kriminalbeamtin, die in dem Verfahren als Zeugin gehört wird, sagt, sie sei eine gefühlskalte Frau, berechnend und selbstsüchtig.

Im Gefängnis führt sie sich gut. Die Sozialarbeiter mögen sie, ihre Zelle ist immer aufgeräumt und geputzt, sie nimmt gerne an den Gruppensitzungen mit dem Psychologen teil. Nach vier Jahren wird sie entlassen. Auch am letzten Tag macht sie morgens noch ihr Bett, sie kann nicht anders. Während des Strafvollzugs hat sie das Haus, in dem sie mit ihrem Mann wohnte, verkauft. Nur den Garten werde sie vermissen, sagt sie zum Gefängnispfarrer.

Nach der Entlassung zieht sie in eine helle Zweizimmerwohnung in der Innenstadt. Zehn Monate später schreibt ihr Bewährungshelfer einen Bericht an die Staatsanwaltschaft: Sie habe sich »hervorragend« eingelebt, treffe sich mit Freundinnen, belege Kurse in der Volkshochschule. Auch ihre Kinder würden sie regelmäßig besuchen.

In der letzten Anhörung vor der Strafvollstreckungskammer sagt sie, jetzt sei sie mit ihrem Leben zufrieden, nie wieder käme es ihr in den Sinn, eine Straftat zu begehen. Sie habe einen neuen Lebensgefährten. Die Richter erlassen ihr die Reststrafe. Sie ist 56 Jahre alt. Und sie ist frei.

Manchmal versucht sie sich an früher zu erinnern. Sie weiß, dass sie ihren Mann geliebt hat, damals, ganz am Anfang. »Alles hat seine Zeit«, sagt sie halblaut und sieht ihren neuen Freund an. Er ist vier Jahre jünger als sie und sehr gepflegt, »reinlich«, denkt sie. Sie planen zu heiraten und in ein Haus in der Vorstadt zu ziehen. Es hat einen kleinen Garten.

Siebenunddreißig

In der Gemäldegalerie wird Jean Fouquets »Diptychon von Melun« ausgestellt. In Berlin hängt sonst immer nur der linke Teil des Gemäldes, zwei Männer, die ins Leere starren. Die Madonna auf der rechten Seite fehlt, seit dem 19. Jahrhundert hängt sie im Museum in Antwerpen.

Das Madonnenbild sehe ich jetzt zum ersten Mal. Es ist merkwürdig plastisch, anatomisch falsch, das Rot und Blau der Seraphim und Cherubim leuchtend, es soll »überirdisch« wirken. Agnès Sorel, eine junge Frau aus niederem Adel, war das Vorbild des Malers. Sie hat ihr Kleid aufgeknöpft, ihr linker Busen ist nackt, aber sie stillt das Jesuskind auf ihrem Schoß nicht.

Agnès Sorel galt als die schönste Frau ihrer Zeit. Am Hof soll sie die »Mode der entblößten Brust« eingeführt haben, tief dekolletierte Kleider, damit je-

der die Brüste der Frauen sehen konnte. Sie war die
Geliebte des französischen Königs, später seine Be-
raterin. Er machte sie reich, schenkte ihr eine ganze
Anzahl von Schlössern und versorgte ihre Familie
mit angesehenen Posten.

Ein paar Meter weiter hängt Caravaggios »Amor
als Sieger«, ein nackter Junge mit dreckigen Zehen,
frech lachend sitzt er auf dem Weltglobus. Der Titel des Bildes stammt aus den Eklogen des Vergil:
»Alles besiegt Amor; so wollen denn auch wir uns
Amor fügen«. Caravaggio unterscheidet nicht zwischen dem Sakralen und dem Profanen – bei ihm
gibt es nur das Leben selbst.

Als Agnès Sorel, die schöne Madonna, starb, sollen ihre letzten Worte gewesen sein: »Wie ekelhaft,
übelriechend und anfällig wir doch sind.«

Achtunddreißig

Es ist der größte Tisch, den ich jemals gesehen habe, geschnitten aus einem einzigen Baumstamm. Ich verstehe nicht, wie er in den 22. Stock des Hochhauses gebracht werden konnte. Die Platte ist vollkommen glatt, sie sieht aus wie ein Objekt von Jeff Koons. Auf jeder Seite des Tisches sitzen etwa dreißig Bankiers und Anwälte, Frauen und Männer tragen die gleichen dunklen Farben. Vor jedem steht ein Laptop.

Als der Präsident den Raum betritt, stehen alle kurz auf. Mit einer Handbewegung bittet er darum sitzen zu bleiben und nimmt selbst am Tischende Platz. Er ist sehr dünn und sehr groß. Vor ihm liegt nur ein Notizbuch, seine Hände sind voller Altersflecke, der Hals ist faltig, das Gesicht braungebrannt. Seine Uhr trägt er über der Manschette seines Hemdes, bei jedem anderen hätte das albern ausgesehen, aber bei ihm ist es angenehm exzentrisch. Der Präsident ist weit über 80 Jahre alt, die Bank hat er geerbt. Seine Familie soll schon den Suezkanal und die Ausplünderung des Kongo durch den belgischen König Leopold II finanziert haben. Manche sagen sogar, die Bank hätte im Verborgenen drei amerikanische Präsidenten »gemacht«. Er ist einer der reichsten Männer der Welt, er besitzt Bergwerke, Trinkwasserquellen, Technologiefirmen, Autozulieferer und sogar die Rechte an den Songs einer Rockband.

Die Klimaanlage hört man nicht, es ist eiskalt in dem Saal. Ich bin eingeladen worden, um über die strafrechtliche Unternehmenshaftung in Deutschland etwas zu sagen, aber niemand fragt mich etwas.

Ein junger Mann geht zu dem riesigen Bildschirm an der Wand. Er zeigt blaue, gelbe und grüne Balken, Diagramme, Tabellen in rasender Folge. Er spricht schnell, seine Pupillen sind erweitert, er schwitzt. Es geht um einen Fehler in der Software, sie verzögerte tausende Transaktionen um Millisekunden. Einige Kunden der Bank verloren viel Geld. Als der junge Mann fertig ist, verlässt er sofort den Saal – vermutlich wird er weiteres Kokain zu sich nehmen.

Eine Anwältin fasst die Klage der Anleger gegen die Bank zusammen. Sie erklärt, wo sie Chancen zur Verteidigung sieht, und sagt, das Gericht werde die Klage abweisen. Nach ihrem Vortrag sehen alle den Präsidenten an. Er fragt, wer der Richter ist, der Name wird ihm genannt. Der Präsident nickt, alle scheinen erleichtert zu sein. Der Präsident bedankt sich, steht auf und verlässt den Saal.

Ich unterhalte mich noch kurz mit zwei Anwälten auf dem Flur, neben uns hängt eine Videoinstallation. Die Bilder sind irritierend, gezeigt werden Gesichter mit offenen Augen, über die rote Ameisen laufen. Dann bringt mich eine Assistentin in Kostüm und hochhackigen Schuhen nach unten.

Zum Mittagessen treffe ich den Sohn des Präsidenten in einem Londoner Club. Vor fünfzehn Jahren habe ich ihn bei einem Abendessen in Marrakesch kennengelernt, er lebte dort unter falschem Namen und wollte unbedingt Maler werden. Seine Bilder waren etwas langweilig, eher dekorativ und hübsch, aber er hatte Talent. Später investierte er in ein Start-up, das eine Fitnessuhr produzierte, verkaufte die Firma für viel Geld an einen Sportartikelhersteller und findet seitdem, er habe für den Rest seines Lebens genug gearbeitet.

Während wir essen, sage ich, sein Vater sei ein angenehmer alter Herr. Der Sohn beginnt so laut zu lachen, dass sich andere Gäste umdrehen. »Nein, nein«, sagt er. »Der Mann ist wirklich alles andere als das.«

Vor acht Jahren sei er zu seinem Vater aufs Land gefahren. Unangemeldet, er habe einfach mal wieder vergessen, vorher anzurufen. Wie immer sei er nicht durch das Hauptportal gegangen, sondern durch den Garten über die Freitreppe. Die Fenstertüren hätten offen gestanden und deshalb habe er unbemerkt seinen Vater und dessen Ehefrau beobachtet. Ich müsse dazu wissen, dass sie die sechste Ehefrau seines Vaters gewesen sei, ein Unterwäschemodell. Sie war erst 22 Jahre alt, als sie geheiratet hatten – sein Vater sei damals 71 gewesen. »Natürlich eine Liebesheirat, was sonst«, sagt sein Sohn.

Die junge Frau hätte nackt und mit rot bemalten Lippen auf dem Holzboden gekniet, ihre Hände seien mit Pferdezaumzeug auf den Rücken gefesselt gewesen. Sein Vater habe in einem hellblauen Seidenschlafanzug auf dem Sofa gesessen und aus einer Papptüte immer wieder Kirschen ins Zimmer geworfen. Die junge Frau habe sie nur mit ihrem Mund aufsammeln und dann die Kerne in eine kleine Silberschale spucken müssen. Bei jedem neuen Kirschkern habe sein Vater, dieser elegante, angesehene Mann mit den wasserblauen Augen, der Präsident und Eigentümer einer vierhundert Jahre alten Bank, dieser weltweit geschätzte Mäzen und Philanthrop, zu ihr gesagt: »Sehr brav, meine kleine Mrs. Margaret Thatcher, sehr brav.«

Neununddreißig

Ein Freund ist gestorben, lächerlich früh, er wurde
nur 58 Jahre alt. Seine Frau und seine beiden Kinder stehen an dem offenen Grab.

Als ich 16 Jahre alt war, schenkte mir mein Onkel
zum Tod meines Vaters ein schmales Buch: Epiktet, »Handbüchlein der Moral«. Epiktet war ein
verkrüppelter Sklave. Ein Berater des Kaisers Nero
hatte ihn gekauft, damals hielten sich reiche Bürger
einen gebildeten Sklaven. Sein Besitzer ließ ihn studieren, nach Neros Tod schenkte er ihm die Freiheit.
    Als alle Philosophen aus Rom verbannt wurden,
musste auch er fliehen. Er zog auf eine kleine griechische Insel. Sein Leben lang besaß er nichts außer
einer Lampe, einem Strohsack, einer Bank und einer
Decke aus Binsen. Mit achtzig Jahren starb er, etwa
130 Jahre nach Christus. Er hatte nie selbst etwas

geschrieben, seine Bücher wurden von seinen Schülern verfasst.

Mein Onkel war im Krieg Soldat in der Marine gewesen, sein linker Arm und drei Finger seiner rechten Hand wurden von einer Granate abgerissen. Nach dem Krieg studierte er Jura und wurde Richter, zuletzt war er Vorsitzender Richter an einem Schwurgericht.

Das Buch, das er mir schenkte, hatte er während des Krieges in seiner Manteltasche, im Lazarett lag es auf seinem Nachttisch und später stand es auf der Richterbank.

Es beginnt mit den Sätzen:

»Das eine steht in unserer Macht, das andere nicht. In unserer Macht stehen: Annehmen und Auffassen, Handeln-Wollen, Begehren und Ablehnen – alles, was wir selbst in Gang setzen und zu verantworten haben. Nicht in unserer Macht stehen: unser Körper, unser Besitz, unser gesellschaftliches Ansehen, unsere Stellung – kurz: alles, was wir selbst nicht in Gang setzen und zu verantworten haben.«

Diese Sätze klingen einfach, aber damals hatte ich sie nicht verstanden. Epiktet erfand keine brillanten philosophischen Systeme. Sein »Handbüchlein der Moral« enthält eigentlich nichts als tägliche Übungen, und sein Trost ist einfach, menschlich und klar. Er zeigt, was wir ändern können, was wir akzeptieren müssen und wie wir das eine vom anderen unterscheiden. Das ist alles.

»Wenn du dein Kind oder deine Frau küßt, dann sage dir: ›Es ist ein Mensch, den du küßt.‹ Dann wirst du deine Fassung nicht verlieren, wenn er stirbt.«

Eines der Kinder des toten Freundes ist vier Jahre alt, ein hübscher Junge mit blonden Locken. Seine Mutter sagt, er habe seine Stoffgiraffe in den Sarg des Vaters gelegt, damit er nicht so alleine dort ist.

Mit Epiktets Sätzen kann man leben, wenn gerade nichts passiert.

Vierzig

Mehr als zwei Jahrzehnte nach unserem Examen treffe ich Baumann zufällig im Gericht. Ich erkenne ihn beinahe nicht wieder, er hat etwa 15 Kilogramm abgenommen. Früher nannten wir ihn »Schubert«, weil er dem Musiker mit seinen vollen Lippen, seinen Locken und seiner runden Brille ähnelte. Jetzt ist er ein hagerer Mann fast ohne Haare und sehr blass. Wir verabreden uns zum Abendessen.

Seine Kanzlei ist in Kreuzberg, drei Zimmer, eine ältere Dame mit Berliner Akzent führt das Sekretariat. Die Räume sehen aus wie in einer Anwaltskanzlei aus den 20er Jahren, hohe Wände, Stuck, Holzpaneele, Metalllampen, ein Holztisch mit grünem Linoleum im Besprechungszimmer. An den Wänden hängen keine Bilder, die Akten liegen ordentlich gestapelt in offenen Holzschränken.

Baumann sagt, seine Klienten seien Menschen aus dem Viertel, er kümmere sich um Rechtsstreitigkeiten der Händler auf dem Großmarkt, um Testamente und Eheverträge. »Tagesgeschäft, selten etwas Außergewöhnliches. Ab und zu übernehme ich noch kleine Verteidigungen, es sind immer Lappalien, Verkehrsunfälle, Kneipenschlägereien, Beleidigungen und so weiter«, sagt er.

Nichts davon passt zu ihm. Er hat ein hervorragendes Examen gemacht, danach hat er ein Jahr an der Columbia in New York studiert. Seine Dissertation hat er mit »summa cum laude« abgeschlossen, eine sehr aufwändige Arbeit über das römische Recht. Nach seiner Zulassung hat er mit hohem Einstiegsgehalt in einer der großen amerikanischen Kanzleien angefangen, die sich nach dem Mauerfall in Berlin niedergelassen hat.

In unserer Referendarzeit ist er mir ein wenig merkwürdig vorgekommen. Er glaubte mit großem Ernst an Begriffe wie Schuld, Sühne und Vergebung. »Das Recht kann den Menschen bessern«, sagte er und schien das völlig ernst zu meinen. Baumann war damals sehr schüchtern. Wenn eine Frau in seine Nähe kam, verstummte er, wurde rot und sah zu Boden.

Von den vier hohen Fenstern seiner Kanzlei sieht man auf den Chamissoplatz, Mietshäuser aus der späten Kaiserzeit, renovierte Stuckfassaden, Kopfsteinpflaster, Laternen. Hier wohnten Offiziere, später Fabrikarbeiter, sagt Baumann, und jetzt würden die Wohnungen oft von Künstlern gemietet.

Wir gehen ein paar Meter zu einem italienischen Restaurant. Er esse hier jeden Abend, immer um die gleiche Zeit. Die Kellnerin versucht mit Baumann zu flirten, sie nennt ihn »Dottore«. Er geht nicht darauf ein. Wir erzählen uns Geschichten aus dem Referendariat.

Später bittet er mich in seine Wohnung, die über der Kanzlei liegt. Sie ist so kahl und so streng wie sein Büro eingerichtet. Im Wohnzimmer stehen nur ein Sofa, ein Fernseher und ein Bücherregal. Baumann ist nicht verheiratet, er hat keine Freundin, keine Kinder, keine Geschwister, seine Eltern leben nicht mehr. Ich frage ihn, womit er sich beschäftigt. Tagsüber sei er unten in der Kanzlei, sagt er, abends bleibe er für sich. Er habe keine Hobbys. »Ich sehe mir die Nachrichten an, lese ein wenig und gehe dann zu Bett.«

Baumann macht mir einen Kaffee und schenkt sich einen Whiskey ein, dann öffnet er die Tür zum Balkon, und wir setzen uns nach draußen. Er raucht eine Zigarre. Das seien seine Laster, sagt er.

Ob er glücklich sei, frage ich ihn.

»Zufrieden«, sagt er und zuckt mit den Achseln.

Auf den Bänken um den Platz sitzen an diesem Sommerabend die Menschen draußen, Mütter mit Kinderwägen, eine Gruppe älterer Männer mit einem Kasten Bier. Ein Junge übt mit Bällen zu jonglieren, er kann es noch nicht sehr gut. Wir sehen ihm zu.

»Dein Leben ist anders verlaufen, als ich mir das damals vorgestellt habe«, sage ich.

»Ja, vielleicht. Unser Handeln hat Konsequenzen«, sagt er. »Wenn man sehr jung ist, weiß man das nicht. Man lernt es erst später.«

Er zieht an der Zigarre. Der Rauch löst sich über uns in der warmen Luft auf. Und dann erzählt er seine Geschichte.

Baumann war 33 Jahre alt, beschäftigte sich mit Insolvenzrecht und hatte schon einigen Erfolg gehabt. Zwei Monate zuvor war er Juniorpartner der Kanzlei geworden. Er arbeitete viel, jeder glaubte, er habe eine glänzende Karriere vor sich. Er galt bei vielen seiner Kollegen als arrogant, aber eigentlich war er nur distanziert.

Baumann saß über einem komplizierten Vergleich, als die Empfangssekretärin anrief und einen unangemeldeten Besuch ankündigte. Er ärgerte sich ein wenig über die Störung, verließ sein Büro und fuhr mit dem Lift ins Erdgeschoss. Als er das Besprechungszimmer betrat, stand eine Frau mit dem Rücken zum Bücherregal. Er gab ihr die Hand. Sie sagte, sie sei angezeigt worden. Er müsse ihr helfen, er sei ihr von Bekannten empfohlen worden.

Bis dahin hatte Baumann nur ein paar flüchtige Beziehungen mit Frauen gehabt. Jetzt versuchte er zu lächeln, er merkte, wie er rot wurde, seine Hände waren feucht. Die Frau sah aus wie ein Model aus den 60er Jahren, ein knabenhafter Körper, dunkle Augen, schwarze Haare, ihr schmaler Hals war fast weiß. Plötzlich fühlte Baumann sich schmutzig, er dachte daran, wie er als Junge die Mädchen beim Umziehen im Schwimmbad beobachtet hatte. Bei seinen Mandaten ging es normalerweise um Vermögensbeschlagnahmungen, um Insolvenzmassen, um Verzeichnisse und Aussonderung. Strafsachen kannte er nur aus seiner Referendarzeit. Er starrte auf den Mund der Frau, und dann verlor er seine Souveränität. Er hörte ihr kaum noch zu, ließ sie zwei Strafprozessvollmachten unterschreiben und notierte ihre Adresse. Als er aufstand, um sie zu verabschieden, warf er die Wasserflasche auf dem Tisch um. Er entschuldigte sich und lächelte linkisch.

Am Nachmittag beantragte Baumann Akteneinsicht, zwei Tage später ließ er die Akten von einem Büroboten abholen. Die Sache klang einfach, so wie die meisten Strafsachen am Anfang einfach klingen: Ein wohlhabender, verheirateter Mann begann eine Affäre, sie dauerte ein paar Monate, dann erfuhr seine Ehefrau davon. Der Mann musste sich von der Geliebten trennen, um die Ehe zu retten. Am Tag der Trennung wurden von seinem Konto 100 000 DM auf das Konto der Geliebten überwiesen, auch das »entdeckte« die Ehefrau.

Bis dahin stand der Sachverhalt fest, aber dann gingen die Aussagen auseinander. Der Mann behauptete, seine Geliebte – Baumanns neue Mandantin – habe das Geld gestohlen, sie habe es sich ohne sein Wissen selbst überwiesen. Dazu habe sie seinen Computer benutzt, der offen herumgestanden habe. Baumanns Mandantin sagte, das sei eine Lüge, der Mann habe ihr aus schlechtem Gewissen das Geld zum Abschied geschenkt.

Für die Beschuldigung des Mannes gab es – außer dessen eigener Aussage – keine Beweise. Die Überweisung wurde von seinem Computer vorgenommen, aber natürlich konnte niemand sagen, wer den Auftrag eingegeben hatte. Zwar war die Summe auch für einen wohlhabenden Mann nicht ganz klein, aber die Mandantin hatte sich nie etwas zuschulden kommen lassen. Sie war nicht vorbestraft und lebte in »geordneten, bürgerlichen Verhältnissen«, wie ein Polizist in der Akte vermerkt hatte.

Die Staatsanwaltschaft hatte die Wohnung der Frau durchsuchen und ihr Handy auswerten lassen. Gefunden wurden Bankunterlagen, Mahnungen, Briefe und Fotos – nichts Außergewöhnliches. Die Polizei druckte fast dreihundert Seiten SMS aus, die in ihrem Handy gespeichert waren. Auch sie bewiesen nur die Liebesbeziehung, nicht aber den strafrechtlichen Vorwurf.

In der Kanzlei sah Baumann die Akte und die Beweismittelordner durch. Er arbeitete so sorgfältig wie in den Insolvenzverfahren, er fertigte Listen, Aktenauszüge und Vermerke. Nach einigen Stunden fand er, was er suchte. Unter der Ziffer 27 des Beschlagnahmeprotokolls war von der Polizei ein »Notizbuch« verzeichnet worden, es war in einer der Akten in einer Zellophanhülle abgeheftet worden, ein hellgrünes, in Leder gebundenes Büchlein. Bisher hatte die Polizei es nicht für die Akte kopiert, vermutlich, weil es den Ermittlern belanglos erschien. Auf den ersten dreißig Seiten hatte die Mandantin auch nur Einkaufs- und Aufgabenlisten notiert, die keinen Bezug zu der angeblichen Straftat hatten.

Aber Baumann war gründlich, er las das Notizbuch Seite für Seite. Ab der Hälfte begann überraschend ein Tagebuch, es waren die Aufzeichnungen der letzten Monate. Die Mandantin beschrieb darin die ganze Affäre in Stichpunkten. Baumann suchte den Tag der Trennung. Das Tagebuch war eindeutig: aus Wut, Kränkung und Rache überwies sie sich das Geld von seinem Konto, während er im Hotelzimmer unter der Dusche stand. »Er muss bezahlen«, schrieb die Mandantin.

Baumann fuhr nach Hause, machte sich einen starken Kaffee und begann den Ordner mit den SMS zwischen dem Liebespaar zu lesen. Anfangs waren sie vorsichtig, tastend, höflich. Er war charmant, sie fühlte sich geschmeichelt, beide interessierten sich füreinander, allmählich wurden sie offener, dann intimer. Baumann versank in den Dialog der Liebenden. Nie verrutschte ihnen ein Wort, jeder Satz klang aufrichtig. Nach vier Stunden glaubte Baumann, die Mandantin ganz zu kennen, er wusste, wie sie auf die Fragen ihres Liebhabers reagierte, was ihr gefiel, was ihr unangenehm war. Er sah ihre Verletzungen, das Weiche und das Traurige in ihr. Sie stand vor ihm, nackt und lebendig. »Das alles ist auch in mir«, dachte er.

Gegen fünf Uhr ging er ins Bett. Ein paar Minuten später stand er wieder auf. Er sah sich noch einmal die Fotos an. Auf einem Bild saß die Mandantin auf der Beifahrerseite in einem offenen Cabriolet, sie trug ein helles Kleid, eine große schwarze Sonnenbrille und einen Strohhut. Baumann nahm das Foto mit ins Schlafzimmer und schlief mit ihm in der Hand ein.

Zwei Tage später rief er die Mandantin an, er wolle mit ihr über die Sache sprechen, sagte er. Eine Stunde lang – viel zu ausführlich für den einfachen Sachverhalt – erklärte er die Beweislage. Er las ihr die Aussage des Mannes vor, er zeigte ihr die Bankunterlagen und den Ordner mit den ausgedruckten SMS. Das Tagebuch legte er vor ihr auf den Besprechungstisch. Diese Eintragungen, sagte er so intensiv wie möglich, würden sie vor Gericht überführen. Es gebe deshalb leider keine vernünftige Verteidigung, die mit einem Freispruch enden würde.

Baumann wusste genau, was er tat, jedes Wort,

jede Bewegung hatte er sich überlegt. Er sah seine Mandantin an und wartete, bis er sich sicher war, dass sie es verstanden hat.

Für zehn Minuten verließ er den Besprechungs-raum, er sagte, er müsse sich die Hände waschen. Auf der Toilette spürte er seinen Herzschlag im Hals, er zitterte. Als er zurückkam, lag das Tage-buch nicht mehr auf dem Tisch. Sie sprachen noch ein paar Sätze, Belanglosigkeiten, an die er sich spä-ter nicht mehr erinnern konnte, dann standen sie auf, um sich zu verabschieden. Sie beugte sich über den Tisch und küsste ihn auf die Wange. »Vielen Dank«, sagte sie leise. Ihr Parfum roch nach Iris, Jasmin und Vanille, es war ein Versprechen. Er konnte den Ansatz ihrer kleinen Brüste unter der Bluse sehen.

Vier Wochen später stellte die Staatsanwaltschaft das Verfahren ein. Ein Nachweis sei nicht zu füh-ren, stand in dem Beschluss, außer der Aussage des Mannes habe es keine weiteren Beweise für die Schuld der Mandantin gegeben.

Baumann bat die Mandantin noch einmal in die Kanzlei. Er war jetzt sehr aufgeregt. Im Bespre-chungszimmer las er ihr den Beschluss der Staats-anwaltschaft vor. Vielleicht klinge ich ein wenig zu feierlich, dachte er dabei. Als er fertig war, nickte sie. Sie trug ein enges dunkelblaues Kleid mit wei-ßem Saum und dunkelblaue Schuhe. Er dachte an die Fotos, er wusste, wie sie nackt aussah.

Baumann glaubte, sein neues Leben beginne genau jetzt, vielleicht würde sie ihn mit dem Vorschlag einer Reise überraschen. In den vergangenen Wochen hatte er sich nachts immer wieder vorgestellt, wie sie gemeinsam in die Städte fahren würden, von denen er in ihrem Tagebuch und in ihren SMS gelesen hatte – nach Rom, Florenz, Nizza, London. Er hatte genug Geld gespart, er könnte für sie sorgen, sie beschützen.

Sie standen auf. Baumann ging schnell einen Schritt auf sie zu, er zog sie zu sich und küsste sie auf den Mund. Es war das erste Mal in seinem Leben, dass er so mutig war.

»Sind Sie verrückt?«, sagte sie und stieß ihn mit beiden Händen gegen die Brust. Er verlor das Gleichgewicht und fiel zurück in den Sessel. Sie sah ihn von oben an. Einen Moment lang passierte nichts, sie bewegten sich nicht, sie atmeten nicht. Und dann lachte sie ihn aus.

»Sie sind genau das gleiche Schwein«, sagte sie.

Das war das letzte Mal, dass Baumann sie sah. Wegen des verschwundenen Tagebuchs wurde nie gegen ihn ermittelt. Es blieb unklar, ob das Notizbuch bei der Polizei oder in der Asservatenkammer des Gerichts verloren gegangen war. So etwas passiert manchmal. Da es niemand bei den Ermittlungsbehörden gelesen hatte, wurde vermutet, es sei ohnehin belanglos gewesen.

Baumann macht eine lange Pause. »Sie hatte recht«, sagt er dann. Und nach einer weiteren Pause: »Heute sehe ich lieber nur zu.«

Wir blieben noch eine Zeit schweigend sitzen. Er müsse sich entschuldigen, sagt Baumann schließlich, er sei keinen Besuch gewohnt und gehe immer um zehn Uhr zu Bett. Ich stelle die leere Tasse in seine Küche, wir verabschieden uns.

Auf der Straße drehe ich mich noch einmal um und sehe hoch zu seiner Wohnung. Die Balkontür ist geschlossen, das Licht ausgeschaltet.

Einundvierzig

Zwei alte Männer sitzen am Nebentisch im Kaffee-
haus. Weil sie nicht mehr gut hören können, sprechen sie sehr laut.

»Es ist heute sehr heiß.«

»Liegt am Wetter.«

»Hast du gehört, sie haben einen Arzt erschossen.«

»Wo?«

»Bei uns.«

»Ah.«

»Der war mehr drinnen als draußen.«

»Wer?«

»Der Mörder.«

»Wo drinnen?«

»In der Gummizelle. Der hatte nicht mehr alle
Enten im Teich. Weiß nicht, warum sie den rausge-
lassen haben.«

Pause.

»Warst du eigentlich jetzt in Amerika?«

»Nein, lieber nicht.«

»Meine Mutter wohnt in Kanada.«

Pause.

»Jetzt ist sie tot.«

»Wer?«

»Meine Mutter. Ich bin nie nach Kanada gefahren, habe doch zwei linke Hände.«

»Ich fahre auch nicht mehr weg.«

»Die erschießen dort jetzt die Schwarzen.«

»Ist nicht mehr dasselbe wie früher.«

»Stimmt.«

Lange Pause.

»Bei uns auch nicht.«

»Was?«

»Bei uns ist es auch nicht besser.«

»Aber wir sind in Berlin.«

»Ist aber auch nicht besser.«

»War der Mörder von dem Arzt ein Schwarzer?«

Zweiundvierzig

»Glanzvoller 75. Geburtstag des erfolgreichsten Sohnes der Stadt« wird später in der Lokalzeitung stehen. Der Unternehmer ist der größte Steuerzahler des Landkreises. Vor dreißig Jahren gründete er eine Schnellrestaurantkette, es gibt seine Läden heute in fast jeder Stadt des Landes.

Der Unternehmer bedankt sich beim Bürgermeister und beim Staatssekretär, der »extra« aus der Landeshauptstadt angereist ist. Er schüttelt Hände, küsst Wangen, lächelt den Fotografen zu, macht Scherze. Seine Assistentin flüstert ihm die Namen der Gäste ins Ohr, die meisten fallen ihm nicht mehr ein.

Vor mehr als zehn Jahren war er ein paar Tage in Untersuchungshaft, eine Steuerstrafsache. Nach einer Woche in der Gefängniszelle hatte er begonnen zu lesen, einen in Packpapier eingeschlagenen Goethe-Gedichtband. Damals wollte er aufhören, mit allem Schluss machen, ein neues Leben beginnen. Das englische Wort »listen« enthalte die gleichen Buchstaben wie »silent«, sagte er in der Besprechungszelle.

Auch im Gefängnis trug er immer ein ausgeblichenes Polaroidfoto in seiner Jackentasche. Die Personen auf diesem Bild seien seine Eltern, ein Onkel und er als kleiner Junge, sagte er. Das Foto sei an seinem zwölften Geburtstag in einem Hotel gemacht worden, in dem der Onkel wohnte. Damals seien seine Eltern und er mit der U-Bahn zur Stadtmitte gefahren. Seine Mutter habe ein helles Kleid getragen und eine Kette mit bunten Steinen, sein Vater eine Krawatte. Er sei stolz gewesen, sie alle hatten sehr gut ausgesehen an diesem Tag.

In dem Hotel hätten sie zuerst den Speisesaal nicht gefunden. Ein Kellner mit schwarzem Frack und ernstem Gesicht habe sich vor ihnen verbeugt und sie zu einem Tisch gebracht. Er habe noch nie so einen Kellner und noch nie so hohe Räume gesehen. Der Tisch sei weiß gedeckt gewesen, silberne Kannen und Schalen und Tabletts, selbst das Besteck sei schwer gewesen. Auf dem Tisch seien Etageren gestanden mit weißer und schwarzer Mousse au Chocolat, Petit Fours, geschälten Orangen und Kiwis, dunklem Honig, Joghurt, Gurkenscheiben, Lachs und Meerrettich. Der Onkel, der – anders als seine Eltern – sehr wohlhabend gewesen sei, habe ein Zeichen gegeben und dann sei eine Schokoladentorte mit zwölf Wunderkerzen gebracht worden, einige der Gäste im Saal hätten sogar applaudiert und ihm Glück gewünscht. Ein Kellner habe einen kleinen Wagen mit einem Eiskübel und einer Flasche Champagner neben den Tisch gerollt. Dieser Kellner, der ein makellos weißes Hemd mit schwarzer Fliege und schwarzen Manschettenknöpfen getragen habe, habe den goldenen Flaschenhals mit einer Serviette umwickelt, den Drahtkorb über dem Korken entfernt und die Flasche lautlos geöffnet. Er habe einen winzigen Schluck trinken dürfen, das Glas sei hauchdünn gewesen, oben sei es mit einem Goldrand verziert gewesen. Sein Vater habe den Kellner gebeten, mit der Polaroidkamera ein Foto zu machen. Er sei sitzen geblieben, die Erwachsenen hätten sich hinter seinen Stuhl gestellt.

Jetzt seien die Farben auf dem Foto natürlich kaum noch zu erkennen, sagte er, in Wirklichkeit aber sei das Licht in dem Saal golden gewesen. Seine Mutter habe ihre Hand auf seine Stirn gelegt, er sei ganz fiebrig, habe sie gesagt. Er habe auf dem Rückweg immer nur wiederholt, dass er Hotelbesitzer werden wolle und dass niemand und nichts ihn je von diesem Wunsch mehr abbringen könne.

Damals im Gefängnis sagte der Unternehmer, ihm seien seine Schnellrestaurants mittlerweile zutiefst zuwider. Der Geruch der Fritteusen, die glatten La-

minatböden, die festgeschraubten Tische aus Holz-
imitat – das alles ekle ihn schon seit Jahren. Tatsächlich wolle er nur noch sanft erleuchtete Räume
sehen, es müsse dort auch weiße Tischdecken, Silberbesteck, Champagner und exotische Früchte geben wie damals. Seine Gäste sollten Menschen sein,
die er gerne bewirte, Menschen, die es verdient hätten. Er erklärte, dass er ein altes Grandhotel kaufen werde, sobald er aus dem Gefängnis entlassen werde. Auch wenn es für alle in seiner Familie
überraschend sei, habe er beschlossen, sein Leben
vollständig umzustellen. Das habe er sich fest vorgenommen, hier, in der Gefängniszelle, sei ihm das
alles klar geworden. Endlich, so sagte er, werde er
das für ihn Richtige tun.

Der Empfang ist im Festsaal des Rathauses. Sein
Enkel steht neben ihm und hält sich an den Hosen-
beinen des Großvaters fest. Ein Kellner bringt ein
Stück Sahnetorte, er nimmt den Teller, obwohl er
Zucker nicht gut verträgt. Seine Geliebte ist 30
Jahre jünger als er, sie sind schon seit fünfzehn Jahren ein Paar. Wenn er mit ihr schläft, hat er Angst,
wie ein alter Mann zu riechen. Die Geliebte kam
nicht zu dem Empfang, weil seine Frau das nicht ertragen hätte.

Plötzlich lässt er den Teller fallen, die Sahne
klatscht auf seine schwarz glänzenden Schuhe. Er
zieht das Jackett aus, es gleitet an seinem Körper zu

Boden. Es wird still im Saal. Sein Enkel bekommt Angst und beginnt zu weinen.

Der Unternehmer geht schnell in ein Nebenzimmer, er lässt die Tür offen, alle sehen ihm nach. Drinnen reißt er sein Hemd herunter und stöhnt laut. Die Haare auf seiner Brust und seinem Rücken sind weiß, er ist dünn geworden, während der Chemotherapie hat er zwanzig Kilo abgenommen.

Seine Tochter hebt das Jackett auf und rennt ihm nach in das Zimmer, die Tür schließt sie hinter sich. Die Gäste im Saal beginnen langsam wieder zu sprechen, jemand schaltet Musik ein, Schuberts Forellenquintett vom Band.

Ich gehe nach draußen auf den Parkplatz, um eine Zigarette zu rauchen. Eine halbe Stunde später kommt der Unternehmer, er hält das Hemd mit einer Hand zu, die Tochter trägt sein Jackett über dem Arm, ihr Sohn zerrt an ihrem Kleid. Der Unternehmer geht zu seinem Wagen, der Fahrer hält ihm die Tür auf. Er bleibt kurz bei mir stehen und sagt leise: »Ich wurde betrogen, dieses verdammte Leben, es ging alles zu schnell.«

Dreiundvierzig

Zu Parties muss man begabt sein. Ich bin es nicht, mir geht es immer wie Nick Carraway in »Der große Gatsby«:

»*Sobald ich eingetroffen war, versuchte ich meinen Gastgeber zu finden, aber die zwei, drei Leute, die ich fragte, wo er wohl sein könnte, starrten mich so verblüfft an und leugneten so entschieden jegliche Kenntnis von seinem Verbleib, dass ich mich schließlich zum Tisch mit den Cocktails verzog – dem einzigen Ort in diesem Garten, wo sich ein einzelner Mann länger aufhalten konnte, ohne einsam und ziellos zu wirken.*«

Irgendwann trifft man dann doch jemanden, den man kennt, wobei es immer wieder zu Verwechslungen kommt. Seit einigen Jahren umarmen sich auch

Männer bei der Begrüßung, dabei ist es üblich, dem anderen mehrmals auf den Rücken zu schlagen. Alle schreien sich an, weil die Musik sehr laut ist. Die Sätze ergeben keinen Sinn, und man wird verlegen, weil eine Frau sagt: »Ich freue mich, Sie zu sehen«, und man nur versteht: »Ich habe dreckige Zehen«. Während man noch darüber nachdenkt, kommt ein Fotograf mit vielen Kameras um seinen Hals, die sehr schnelle Blitzlichtfotos machen. Danach sieht man ein paar Sekunden nichts mehr und verschüttet sein Glas und die Frau mit den dreckigen Zehen ist wieder verschwunden. Vielleicht hat sie ja auch gesagt, sie könne nicht mehr stehen oder sie müsse jetzt gehen oder sie werde gestehen. Die ganze Sache ist verwirrend, aber auch das ist inzwischen egal. Es wird dann noch lauter und noch voller, ein berühmter Sänger zitiert weinend aus einer Waschmittelwerbung, zwei junge Frauen haben exakt das gleiche Kleid an, und ein Mann sagt, er sei gerade mit Putin nackt durch die Mongolei geritten.

Viel später denke ich wieder an Gatsbys Geliebte und daran, dass ihre Welt voller Orchideen war, voller Orchester, die den Rhythmus des Jahres bestimmten und die alle Trauer und Vielfalt des Lebens in neuen Melodien erfassten.

Vierundvierzig

Ein Abendessen nach einer Theaterpremiere in London, ich sitze neben einer jungen Opernsängerin. Vor ein paar Wochen hatte sie ihren ersten großen Auftritt in der Royal Opera in Covent Garden, Englands bedeutendster Opernbühne. Sie sang die *Donna Anna* in Mozarts »Don Giovanni«, eine anspruchsvolle Partie. Publikum und Kritik feierten sie.

Fünfzehn Jahre Ausbildung, sagt sie, eine einzige Schinderei, Auftritte in der Provinz und auf kleinen Festivals, dann endlich, nach hundert winzigen Schritten, Covent Garden, der Beginn ihrer Weltkarriere.

Sie kommt aus einer der Vorstädte Londons, ihr Vater ist Busfahrer, ihre Mutter arbeitet als Aushilfe in einem Kiosk. Es sei nur Zufall gewesen, dass der Chorleiter ihrer öffentlichen Schule sie entdeckt habe, sagt sie.

Zwei Wochen vor ihrem Auftritt habe sie ihren Vater angerufen und ihn gebeten, zu kommen. Er fragte, wann das Konzert sei. Sie sagte: »Am Freitag.« Er antwortete: »Samstag wäre besser, da ist es einfacher mit den Parkplätzen.«

Fünfundvierzig

Die Frau des Mandanten ruft mich an, ihr Mann liege im Sterben. Ich solle ihn noch einmal besuchen, er wolle mir noch unbedingt etwas sagen.

Ich reise nicht gerne mit dem Flugzeug, zu viele Menschen, zu viele Gerüche. Nach drei Stunden die Stadt unter den Tragflächen, rechts das Meer. Die Argonauten verloren hier im Sturm ein Boot, das neunte der zehn Schiffe. Herakles fand es an der Küste zerschellt. Er gründete dort eine Stadt: »Barca Nona«, das neunte Schiff, Barcelona.

Das Haus des Mandanten liegt über der Stadt. Ein Wächter in Uniform brüllt meinen Namen in ein Funkgerät, dann fährt das Taxi durch eine lange Allee alter Zypressen bis zur Freitreppe des Hauses. Die Frau des Mandanten holt mich in der Eingangshalle ab, ihre Hände sind kalt. Sie bringt mich in das Sterbezimmer ihres Mannes. Er liegt im Halbdunkel in seinem Bett, das Gesicht eingefallen, die Bartstoppeln weiß. Die Geräte seien heute Morgen fortgebracht worden, sagt seine Frau, sie könnten ihn nicht mehr am Leben erhalten.

Vor vielen Jahren hatte ich diesen Mann verteidigt, damals war er voller Energie gewesen. Er hatte ein Bauunternehmen gegründet, später investierte er in eine Firma, die daran arbeitete, das menschliche Gehirn zu digitalisieren und in einen Computer zu laden. »Auf diese Weise können wir ewig leben«, hatte er damals gesagt. Jetzt nimmt er mich nicht mehr wahr. Seine Frau sagt, er habe weitere Therapien abgelehnt, weil sie ihn nicht mehr heilen könnten, sie seien nur eine Verlängerung des Leidens. Seit heute früh sei er ohne Bewusstsein, die Ärzte hätten gesagt, er werde in den nächsten Stunden sterben. Es tue ihr sehr leid, dass ich gekommen sei. Sie wisse leider nicht, warum er mich habe sprechen wollen.

Unten im großen Salon sitzen viele Menschen. Es gibt Kaffee und gebranntes Marzipangebäck. Ich erkenne die Justiziarin der Firma wieder, eine harte, elegante Frau. Ich frage sie nach dem Softwareunternehmen, in das der Mandant investiert hatte. Sie lacht. »Die Sache mit dem ewigen Leben? Nein, das hat nicht funktioniert. Diese Computermenschen glauben heute an Technik, so wie früher an Gott geglaubt wurde. Sie warten auf die Ankunft der künstlichen Intelligenz. Sie wird sich unser erbarmen und uns von der menschlichen Unvollkommenheit erlösen. In Silicon Valley heißen die Fürsprecher neuer Technologien ›Evangelisten‹«, sagt sie. »Wussten Sie, dass er seine DNA einfrieren ließ?«

Bei unserer Geburt wird ein Pfeil auf uns abgeschossen, der uns in dem Moment unseres Todes erreicht. Auf dem Rückflug nach Berlin, kurz bevor ich einschlafe, denke ich an Marc Aurels »Selbstbetrachtungen«. Er schrieb, Alexander der Große und dessen Maultiertreiber seien am Ende den gleichen Weg gegangen.

Sechsundvierzig

Im Caféhaus stehen die Stühle draußen. Die Inhaberin des Friseurgeschäftes in meiner Straße setzt sich an meinen Tisch. Sie habe etwas Merkwürdiges beobachtet, das müsse sie jetzt erzählen: Jeden Tag stehe ein Herr vor ihrem Schaufenster. Er sei vielleicht Mitte siebzig, gut gekleidet, Jackett und Mantel, ein schwarzer Stock mit silbernem Knauf. Er komme immer gegen ein Uhr und bleibe dann eine halbe Stunde vor dem Schaufenster stehen. Seit Wochen ginge das nun schon so.

Irgendwann habe sie ihn gefragt, ob sie ihm helfen könne. Er sei höflich gewesen, nein, nein, habe er gesagt, er sehe nur gerne, wie sie die Haare ihrer Kundinnen wasche. Seine genauen Worte seien gewesen: »Es ist so schön, wie Sie die vielen Haare anfassen.« Das sei ihr komisch vorgekommen, der Ausdruck: »die vielen Haare.« Sie wisse nicht, ob dieser Mann gefährlich sei. Er sehe nicht so aus, ganz und gar nicht, ein gepflegter älterer Herr, aber sie frage sich doch, ob sie die Polizei rufen solle. Heute sei er auch wieder da gewesen und habe ihr durchs Fenster zugesehen und ihr zugenickt. »So was ist doch nicht normal«, sagt sie. Dann redet sie weiter, jedes Thema bekommt etwa vierzig Sekunden: die neuen Haarfärbemittel, die Asylpolitik, ein Kinofilm, das Studium der Tochter, die Frage, ob die Griechen aus der Europäischen Gemeinschaft austreten sollen. Ich lege die Zeitung weg und bezahle meinen Kaffee.

1886 schilderte der Psychiater Richard von Krafft-Ebing einen seltsamen Fall: Nach der Eheschließung eines jungen Paares begnügte sich der Mann in der ersten und zweiten Nacht damit, seine Frau zu küssen und ihr Haar zu »durchwühlen«. Danach schlief er ein. In der dritten Nacht bat er seine Frau, sich eine Perücke mit langen Haaren aufzusetzen. »Kaum war dies geschehen, so holte er reichlich die versäumte eheliche Pflicht nach«, schreibt der Psychiater. Von da an brachte der Mann immer eine Perücke mit, die er zuerst streichelte und dann seiner Frau aufsetzte. Sobald die Frau sie ablegte, »hatte sie jeden Reiz für ihren Mann verloren«. Die Perücken waren jeweils nur 10 bis 12 Tage »wirksam«, danach wurden sie ersetzt, wobei sie immer »üppig an Haar« sein mussten.

In den ersten fünf Jahren Ehe entstanden zwei Kinder und eine Perückensammlung von 72 Stück.

Siebenundvierzig

Ein »Extremkünstler«, wie es heißt, brütet in Paris
ein Dutzend Hühnereier aus. Er sitzt bis zum Schlüp-
fen der Küken in einem Plexiglaskasten, es dauert
zwischen 21 und 26 Tage. Passanten können ihn dabei beobachten, auch der Staatspräsident war schon
da. Das sei die erste Arbeit mit lebenden Wesen, sagt
der sogenannte Extremkünstler. Er kündigt in der
Presse an, dass weitere folgen werden.

Achtundvierzig

Auf dem Kaufvertrag ist vermerkt:

»Der Vertragsgegenstand ist ein Oldtimer. Zum Zeitpunkt der Auslieferung war der Verkaufsgegenstand ein Industrieprodukt mit einer vom Hersteller gedachten Lebensdauer von 10 bis 15 Jahren. Der Verkaufsgegenstand ist zum Zeitpunkt dieses Vertrages 46 Jahre alt und hat damit die von seinem Hersteller vorgesehene Lebensdauer weit überschritten.«

Jeder rät ihm ab, den alten Wagen zu kaufen. Es stimmt, Menschen interessieren sich heute für Handys, für künstliche Intelligenz und für erneuerbare Energien. In den nächsten Jahren wird das selbstfahrende Auto kommen, es wird einen Elektro- oder Wasserstoffantrieb haben, ein Lenkrad wird nicht mehr nötig sein. Und es wird gefahrloser sein als Autos, die von Menschen gesteuert werden. Ein Oldtimer wird dann so wirken wie eine Pferdekutsche aus dem 19. Jahrhundert im Straßenverkehr von 1920 – eine ganz und gar sinnlose Antiquität.

Der Wagen, den er kauft, ist ein Mercedes-Benz »Strich 8«, benannt nach dem Jahr 1968, in dem er zum ersten Mal gebaut wurde. Er sieht so aus, wie Kinder ein Auto oder einen Hut zeichnen. Paul Bracq, ein junger Franzose, vielleicht der begabteste Autodesigner seiner Zeit, hatte ihn Mitte der 60er Jahre entworfen. Es war der Bruch mit allen früheren Formen, keine Gemütlichkeit, kein Barock, kein Wohnzimmer auf Rädern. Ein Mittelklassewagen, bequem, aber streng und sachlich, die Grundausstattung war karg. Große Motoren und jedes Extra waren teuer, aber der Kunde konnte schon Kopfstützen, Sicherheitsgurte, elektrische Fensterheber, »wärmedämmende Colorverglasung« und eine Klimaanlage ordern.

Das Modell wurde ein enormer Erfolg – fast zwei Millionen Exemplare wurden gebaut. Zuletzt fuhren Studenten die alt gewordenen Autos, Technik und Motor waren unverwüstlich. Die letzten Gebrauchten wurden nach Afrika exportiert, sie wurden dort oft weiter als Taxis genutzt, sie waren einfach zu reparieren und vertrugen sogar die Wüste, den Staub und die Hitze.

Der Wagen gehörte einer älteren Dame aus Los

Angeles in Kalifornien. In den Papieren steht, die Dame, die damals noch eine junge Frau war, habe den Wagen 1972 von Mercedes im Werk einfahren lassen. Der erste Service sei bereits gemacht worden, bevor sie ihn übernommen habe. Zuerst sei sie mit dem Wagen lange durch Europa gereist, dann sei er auf ein Schiff verladen und zu ihr nach Hause gebracht worden.

Niemand lasse so einen ganz und gar durchschnittlichen, so einen langweiligen und wertlosen Wagen restaurieren, wird ihm in der Werkstatt gesagt. Das Auto habe keinen Wiederverkaufswert, jeder Cent, den er investiere, sei verloren. Er solle, wenn er einen Oldtimer wolle, ein schickeres Modell wählen. Ein »Flügeltürer« sei die beste Wahl oder wenigstens eine »Pagode«. Er will das nicht. Nein, sagt er zu dem Werkstattbesitzer, er möge nun einmal Dinge, deren vorgesehene Lebensdauer weit überschritten sei. Ihm gefalle ja gerade, dass kein Mensch diesen Wagen noch schätze. Außerdem wolle er ihn nicht wieder verkaufen, es sei sein letzter Wagen, er wolle ihn fahren, so lange es ginge. Der Werkstattbesitzer hält ihn für verrückt, aber er übernimmt den Auftrag.

Sechs Monate später fliegt er nach Süddeutschland, um den Wagen abzuholen. Die Abflughalle in Berlin ist eng und überfüllt, er muss stehen. Ein Mann säubert sich die Zähne mit einem Stück Papier, eine Frau trägt einen roten Rucksack mit der

Aufschrift »Greenland«. Immer wieder wird er angerempelt.

Er hat eine sehr lange Reise geplant. Er will durch das alte, müde Europa fahren, an das er so lange geglaubt hat und das gerade zerbricht. Im Flugzeug liest er von dem ersten erfolgreichen Produkt von Louis Vuitton. Heute druckt diese Firma auch auf Schuhe, Sonnenbrillen und Parfums überdimensionale Logos, aber Anfang des letzten Jahrhunderts produzierte sie nur Koffer. 1904 wurde dort ein Modell entworfen, das »L'Ideal« genannt wurde. Es war ein Schrankkoffer mit kleinen Schubladen und Einsätzen, er sollte die Ausstattung einer ganzen Woche fassen: einen Mantel, zwei Anzüge, Hemden, Schuhe, Unterwäsche, Socken. Mehr brauche ein Reisender nicht, versicherte damals der Hersteller.

Nach der Landung nimmt er ein Taxi. Die Fahrerin bringt ihn zu den Werkshallen des Restaurateurs. Sie sagt, sie komme aus Slowenien, aus Ljubljana. Sie vermisse die Caféhäuser dort, die Obstgärten mitten in der Stadt, den Fluss und die schönen Brücken. Ljubljana, das sie immer wie »Jubel« ausspricht, sei ganz anders, als man es sich vorstelle, eine sehr moderne, fortschrittliche Stadt. Hier halte sie nur durch, aber bald könne sie zurück in ihre Stadt und zu ihrer Familie. Sie spricht immer weiter, ein beruhigender Singsang, er nickt ein. Er denkt an den Koffer »L'Ideal«, viel mehr hat er jetzt auch nicht dabei. Trotzdem wird es, so hofft er, die längste Fahrt seines Lebens werden. Natürlich ist das alles Unsinn, denkt er, der alte Wagen, das wenige Gepäck, die lange Reise, seine Sehnsucht nach Europa.

»Geh nicht gelassen in die gute Nacht.
Im Sterbelicht sei doppelt zornentfacht.«

Die Fahrerin aus Ljubljana weckt ihn, als sie ankommen. Der Werkstattbesitzer empfängt ihn herzlich, der restaurierte Wagen wird ihm übergeben, und er lässt sich alles ausführlich erklären. Dann startet er den Motor und fährt vom Werksgelände. Er nimmt die Landstraße, Autobahnen meidet er. Bald sieht er leuchtende Felder, Mais, Klee, Raps und immer wieder gelben Stechginster. Zweimal steigen braun-graue Rebhühner von einem Acker auf. Einen Moment glaubt er, er sei gemeint.

Der Wagen fährt sich angenehm. Er versucht sich zu erinnern, wann er in seinem Leben glücklich war. Vielleicht als Kind morgens im Bett in dem alten Haus, die Tür zum Flur stand einen Spalt offen. Im Halbschlaf hörte er die vertrauten Geräusche des Morgens, die Stimmen, die er kannte. Jemand räumte auf, etwas wurde durchs Haus getragen, Fenster und Türen wurden geöffnet und geschlossen, Geschirr klapperte, in der Halle unten schimpfte der Vater mit den Hunden. Immer hat er gewartet, ohne zu wissen worauf. Er ist sich sicher, sein Leben vertan zu haben, aber etwas anderes ist ihm nicht möglich gewesen.

Am 23. Februar 1942 finden die Hausangestellten die Leichen von Stefan Zweig und seiner Ehefrau Lotte im Schlafzimmer des Paares. Er liegt auf dem Rücken, seine Hände sind auf der Brust gefaltet. Lotte hat sich an seine Schulter geschmiegt, ihre linke Hand umfasst seine rechte. Zweig hat die Überdosis Schlafmittel zuerst genommen, Lotte gewartet, bis er tot war, und sich dann selbst vergiftet. Er hinterließ einen Abschiedsbrief: »Ich grüße alle meine Freunde! Mögen sie die Morgenröte noch sehen nach der langen Nacht! Ich, allzu Ungeduldiger, gehe ihnen voraus.«

Stefan Zweigs Bücher wurden damals millionenfach verkauft, er war wohlhabend, besaß einen englischen Pass und war in Sicherheit. Viele andere deutsche Exilanten begriffen seinen Selbstmord nicht, so wie sie auch seine politische Zurückhaltung nicht verstanden. Eine Woche nach Zweigs Tod trägt Thomas Mann in sein Tagebuch ein, er fände diesen Selbstmord »albern, schwächlich und schimpflich«.

Thomas Mann hat sich getäuscht, denkt er. Niemand will die Gefährdungen bei anderen sehen, die man selbst schon überwunden hat. Auf einer Sonnenuhr in Palermo hat er es einmal gelesen: »Vulnerant omnes ultima necat« – Alle verwunden, die

Letzte tötet. Es kommt nicht darauf an, wann diese Stunde ist. Es gibt keine Pflicht zu leben, jeder scheitert auf seine eigene Weise.

Er wird müde vom Fahren, parkt den Wagen vor einem Café in einer Kleinstadt. Es ist ein entsetzlich heißer Tag gewesen, und er ist froh über die Klimaanlage im Wagen. Jetzt ist es milder, die Nachmittagssonne taucht die Stadt in flüssiges Bernsteinlicht. Er sitzt vor dem Café, es ist angenehm hier im Schatten auf dem Trottoir. Lorbeerbüsche in grünen Kübeln, geputzte Fensterscheiben, eine Apotheke mit altem Stechschild. Vor dem Brunnen in der Mitte der Straße döst ein Hund, seine rote Zunge, sein weißer Bauch auf den Pflastersteinen.

Ein Paar steht vor einem Schaufenster. Als sie weitergehen wollen, hält die junge Frau ihren Freund am Arm fest, kniet sich hin und bindet die Schnürsenkel seines Schuhs zu.

Glück ist eine Farbe und immer nur ein Moment.

Textnachweise

Die folgenden Texte sind vorab erschienen und wurden für die vorliegende Ausgabe überarbeitet.

»Drei«: *Rolling Stone* vom 29.03.2018.
»Vier«: *Frankfurter Allgemeine Zeitung* vom 17.11.2009.
»Vierzehn«: *BILD* Sonderausgabe vom 07.06.2018.
»Sechzehn«: *SPIEGEL* Sonderausgabe Helmut Schmidt 2015.
»Achtzehn«: *Literarische Welt* vom 19.05.2018.
»Zwanzig«: Vorwort zu Michael Haneke »Happy End: Das Drehbuch«, Paul Zsolnay Verlag 2017.

Zitatnachweise

Ernest Hemingway, »Paris – Ein Fest fürs Leben, A Moveable Feast – Die Urfassung«, wurde in Kapitel »Zehn« zitiert in der Übersetzung von Werner Schmitz, erschienen bei rororo, 2012.

Lars Gustafsson, »Jahrhunderte und Minuten: Gedichte ausgewählt von Michael Krüger«, wurde in Kapitel »Zwölf« zitiert, erschienen im Carl Hanser Verlag GmbH & Co. KG, 2009.

»The Man Who Wasn't There« wurde in Kapitel »Neunundzwanzig« zitiert nach der deutschen Synchronisation des Films.

F. Scott Fitzgerald, »Der große Gatsby«, wurde in Kapitel »Dreiundvierzig« zitiert in der Übersetzung von Lutz-W. Wolff, erschienen in der dtv Verlagsgesellschaft, 2011.

Dylan Thomas, »Windabgeworfenes Licht«, wurde in Kapitel »Achtundvierzig« zitiert in der Übersetzung von Curt Meyer-Clason, erschienen im Carl Hanser Verlag GmbH & Co. KG, 1992.

Der Abdruck der Zitate erfolgt mit freundlicher Genehmigung der jeweiligen Verlage.

Dieses Buch ist auch als E-Book erhältlich.

Verlagsgruppe Random House FSC® N001967

4. Auflage
Luchterhand Literaturverlag, München,
in der Verlagsgruppe Random House GmbH
Neumarkter Str. 28, 81673 München
Copyright © 2019 Ferdinand von Schirach
Umschlaggestaltung buxdesign | Ruth Botzenhardt unter
Verwendung eines Motivs von © shutterstock #2429389
Satz: Uhl + Massopust, Aalen
Druck und Einband: GGP Media GmbH, Pößneck
Alle Rechte vorbehalten.
Printed in Germany
ISBN 978-3-630-87610-8

www.schirach.de
www.luchterhand-literaturverlag.de
www.facebook.com/luchterhandverlag
www.twitter.com/luchterhandlit